PRAXIS UND ERFOLG BAND 10

Dieter Bischop

PERSÖNLICHKEITS-
ENTWICKLUNG MIT SYSTEM

Mit Selbstvertrauen und Stärke als
Führungskraft, Coach und
Mediator wirken

Ludwig

Die Reihe PRAXIS + ERFOLG wird herausgegeben von Dr. Nils Borstnar.

Bibliografische Information Der Deutschen Bibliothek

Die Deutsche Bibliothek verzeichnet diese Publikation in der
Deutschen Nationalbibliografie; detaillierte bibliografische
Daten sind im Internet über http://dnb.ddb.de abrufbar.

© 2014 by Verlag Ludwig
Holtenauer Straße 141
24118 Kiel
Tel.: 0431-85464
Fax: 0431-8058305
www.verlag-ludwig.de
info@verlag-ludwig.de

Lektorat: Dr. Jennifer Lorenzen-Peth

Gedruckt auf säurefreiem und alterungsbeständigem Papier
Printed in Germany

ISBN 978-3-86935-210-7

VORWORT

In der Kraft liegt die Ruhe.
Dieter Bischop

Diese Aussage wurde mir deutlich, nachdem ich mich auf meinen Weg der Persönlichkeitsentwicklung begeben habe und dadurch immer kraftvoller wurde und mehr Urvertrauen und innere Ruhe bekam. Die in diesem Buch vorgestellten Methoden sind die Essenz meiner eigenen Reise.

Bei Thies Stahl habe ich von 1995 bis 1998 seine NLP-Ausbildung (Neurolinguistisches Programmieren) besucht. Vielen Dank für die Unterstützung und vielen Anregungen.

Am Milton Erickson Institut Berlin habe ich mich von 2002-2003 in Familien- und Organisationsstellen mit acht verschiedenen Ausbildern fortgebildet. Besonders danke ich den Ausbilder Albrecht Mahr für seinen Impuls an mich, ein mir wichtiges Thema innerlich aufzulösen. Dieses war der Startschuss für mich, die innere Aufstellungsarbeit weiterzuentwickeln bis hin zur Genea-Methode. Es sind also über 12 Jahre Entwicklungsarbeit in dieses Buch geflossen.

Karen Bestmann danke ich für ihre Inspiration und Unterstützung. Gemeinsam haben wir über den Titel und die Methodenbeschreibung nachgedacht.

Marina Müller gilt mein Dank für ihre Coachingunterstützung. Einerseits konnte ich als Coach mit ihr als Klient neue Methoden ausprobieren. Andererseits habe ich als Klient die »andere Seite« erleben und mich persönlich weiterentwickeln dürfen.

Allen Klienten aus dem privaten und unternehmerischen Kontext in Coachings, Mediationen und Teamentwicklungen sowie allen Teilnehmern meiner Coaching- & Mediationsausbildungen danke ich für ihr Vertrauen. Aus der Arbeit mit ihnen habe ich viel gelernt und die Methoden verfeinert.

Ruth Kafitz, Friederike Sundhoff und Lea Bischop gilt mein Dank für das Lesen des Manuskripts und die wertvollen Hinweise. Mit Annika Dulige und Ellen Johannsen habe ich hilfreiche Diskussionen zu den Methoden und den Namen der Methoden geführt. Vielen Dank dafür.

Dem Verleger Steve Ludwig und dem Herausgeber Nils Borstnar gilt mein Dank für die Möglichkeit, dieses mir sehr wichtige Buch in dieser passenden Form zu veröffentlichen.

Besonders danke ich meiner Lektorin Dr. Jennifer Lorenzen-Peth vom Verlag Ludwig für ihr Verständnis und Einfühlungsvermögen sowie den Verbesserungen. Ihre Fragen (und meine Antworten) haben dem Buch zu mehr Klarheit verholfen.

Ein ganz besonders lieber Dank gilt meiner Frau Friederike Sundhoff aus dreifacher Hinsicht: Erstens für ihr Korrekturlesen des Manuskripts und ihren hilfreichen Hinweisen. Zweitens für ihre Unterstützung für meine Arbeit, in dem sie mir genügend Zeit dafür schenkte und drittens, dass sie als »Klient« zur Verfügung stand. Dadurch konnten wir gemeinsam wachsen.

Dr. Dieter Bischop, September 2014

INHALT

Für meine Frau

EINLEITUNG

»Persönlichkeitsentwicklung mit System« ist eine Zusammenfassung meiner weiter- oder selbstentwickelten Methoden, die dabei helfen können, dass jeder sich in seinem beruflichen und privaten System systemisch und systematisch entfalten und seine Ziele erreichen kann. Die hier vorgestellten Methoden richten sich an alle Interessierten, aber auch und insbesondere an Coaches, Mediatoren und Führungskräfte.

Denn es ist hilfreich, nicht nur die vorgestellten Methoden im jeweiligen Kontext mit Klienten anwenden zu können, sondern sich selbst auch weiterzuentwickeln. Dies ist eine Voraussetzung für eine erfolgreiche Arbeit und drückt zudem meine eigene Lebensgeschichte aus.

Im ersten Kapitel wird ein Überblick über die **Persönlichkeitsentwicklung** gegeben. Die Gründe für eine Persönlichkeitsentwicklung und welche Ebenen der Entwicklung es gibt, werden vorgestellt. An diesen Ebenen, die eine Hierarchie widerspiegeln, lässt sich erkennen, welche Methode zur Zielerreichung eingesetzt werden kann. Danach werden die beiden Hauptmethoden – **die Genea- und Empowering-Methode** – anhand von Beispielen im Überblick dargestellt. Ausführlich werden diese dann im jeweiligen Kapitel beschrieben. Ganz wichtig ist für mich der **Ökologiecheck**, denn ich gehe davon aus, dass jede Zielerreichung und jede Veränderung auch negative Auswirkungen hat. Damit dieser Preis nicht bezahlt werden muss, lernen Sie Fragen dazu kennen. Werden diese in der Persönlichkeitsentwicklung stimmig beantwortet, so kann eine Veränderung ohne negative Auswirkungen gelingen. Die Stimmigkeit oder auch Unstimmigkeit lässt sich durch den Abgleich zweier Gefühle erkennen.

Thema des zweiten Kapitels ist die **Empowering-Methode**, die angewendet wird, um die in der Lebensgeschichte geprägten Überzeugungen oder Erlebnisse neu zu prägen. Einschränkende Überzeugungen zeigen sich oft durch Signale, wie beispielsweise ein körperliches Symptom oder eine Serie von Ereignissen. Diese Signale werden mit der Empowering-Methode genutzt, so dass sich einschränkende in förderliche Überzeugungen verwandeln und die Signale nicht mehr notwendig sind.

Das dritte Kapitel befasst sich mit den **Systemgesetzen und den Kräften der Ahnen.** Viele Themen in der Persönlichkeitsentwicklung haben ihre Ursache in prägenden Erlebnissen, in denen Systemgesetzverletzungen entstanden sind. Diese gilt es aufzulösen. In den meisten Fällen erfolgt diese Auflösung durch eine innere Arbeit des Klienten, die in diesem Kapitel ausführlich beschrieben wird.

Im vierten Kapitel wird die **Genea-Methode** erläutert, welche eine Erweiterung der Empowering-Methode darstellt. Sind Systemgesetzverletzungen bei den Vorfahren, beispielsweise durch Kriegserlebnisse oder durch den frühen Tod eines Elternteils, entstanden, so können sich diese Verletzungen im veränderten Verhalten und der Persönlichkeit der Vorfahren zeigen, die wiederum die Nachfahren dadurch geprägt haben oder prägen. Mit der Genea-Methode können diese Verletzungen der Vorfahren innerlich vom Klienten aufgelöst werden, so dass sich die Persönlichkeit wieder frei weiterentwickeln kann.

Im Anschluss wird im fünften Kapitel eine Liste von **Dynamiken als Signal für die Persönlichkeitsentwicklung** aufgeführt. Es gibt eine Handlungsanleitung, wie diese Dynamiken genutzt werden können.

Im letzten Kapitel wird das Vorgehen der **Empowering-Methode zeitlich nach der Genea-Methode** erläutert. Sind durch die Genea-Methode die Grundlagen für eine nachhaltige Persönlichkeitsentwicklung gelegt worden, so gilt es, diese neuen Ressourcen und diese neue Lebenskraft/Power in das eigene Leben zu verankern. Dazu werden verschiedene Hilfsmittel vorgestellt, um dieses sicherzustellen.

Ich wünsche Ihnen nun eine entwicklungsreiche Reise!

KAPITEL 1: ÜBERBLICK ÜBER DIE PERSÖNLICHKEITSENTWICKLUNG

Der Wunsch einer Person, seine Persönlichkeit weiterzuentwickeln, hat verschiedene Gründe, die in drei Gruppen eingeteilt werden können. Zum einen tauchen in der Persönlichkeitsentwicklung Ziele auf wie glücklich oder erfolgreich sein, gesund sein oder werden, Partnerschaft leben, Life-Work-Balance, Eltern und Führungskraft sein können, Urvertrauen haben und loslassen können, seine Berufung finden oder unterstützende Überzeugungen generieren.

Zum anderen gibt es die Weg-von-Motivation als Anlass wie Misserfolg, wenig Selbstvertrauen, zu hoher Erfolgsdruck, Mobbing oder Burnout.

Zur dritten Gruppe gehören psychosomatische Erkrankungen und psychische Beeinträchtigungen wie Depressionen, Psychosen und Neurosen, Ängste, Zwänge, Süchte, Aggressionen, Krankheiten oder ADS/ADHS.

Im Laufe des Buches werden die Auswirkungen der beiden Weltkriege auf die Psyche und Gesundheit der heutigen Generation und deren Lösungsmöglichkeiten aufgezeigt.

Ebenen der Persönlichkeitsentwicklung

Erfolgreiche Persönlichkeitsentwicklung setzt an unterschiedlichen Stellen im »Modell der Ebenen der Veränderung« an. Als Beschreibungsmodell werden die Ebenen der Veränderung verwendet, welches eine Weiterentwicklung des Modells der »neurologischen Ebenen« von Bateson und Dilts (Dilts, Die Veränderung von Glaubenssystemen – NLP Glaubensarbeit) ist. Denn es gibt viele verschiedene Ursachen von Mängeln oder Ängsten. An welchen Ebenen angesetzt werden kann, damit ein Mensch oder auch eine Organisation sich entwickeln kann, wird nun beschrieben.

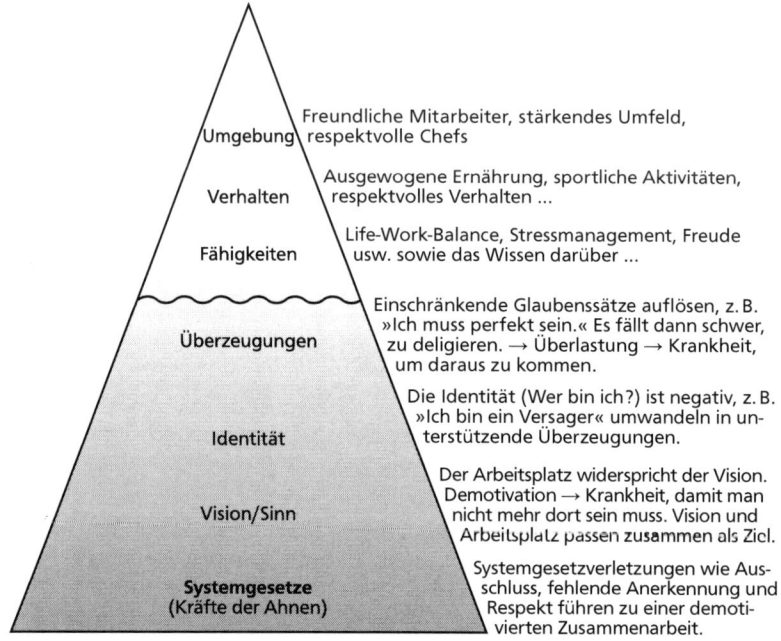

Umgebungs-, Verhalten- und Fähigkeitenebene: Gesunder Arbeitsplatz wie passender Schreibtisch und Stuhl, ausgewogene Ernährung, sportliche Aktivitäten, Life-Work-Balance, Stressmanagement, Freude usw. sowie das Wissen darüber, sind notwendig.

Überzeugungs- und Identitätsebene: Unterstützende Einstellungen sind die Voraussetzung dafür, gesund und erfolgreich sein zu können.

Liegt beispielsweise die Einstellung vor, perfekt sein zu müssen, so hat sich in meiner Coachingpraxis in mehreren Fällen gezeigt, dass diese Prägung dazu führt, dass die Führungskraft nicht optimal delegieren kann, lieber alles selber macht, sie unter Stress und ihre Life-Work-Balance aus dem Gleichgewicht gerät. Zuviel Stress schwächt aber das Immunsystem, was auf Dauer zu Krankheiten führen kann. Hier gilt es, diese Einstellung im Coaching zu verändern, so dass die Vorteile beibehalten und die Nachteile aufgelöst werden.

Visions- und Sinnebene: Meine Überzeugung ist es, dass jeder Mensch seine Vision oder wofür er neben der Fortpflanzung noch auf der Welt ist, in sich trägt. Nicht jedem ist seine Vision jedoch bewusst bzw. nicht jeder lässt sie an die Oberfläche kommen. Arbeitet eine Person in einem Beruf, welcher ihrer Vision widerspricht, so kann dieses krank machen oder die Person bringt nicht ihr volles Potenzial in sich zur Geltung. (Seine Vision kennen, sie aber nicht umzusetzen, schafft Leiden = Leidenschaft.)

Wie jemand seine Vision und Berufung finden kann, wird in meinem Buch »Coachen und Führen mit System« ausführlich beschrieben (S. 234–247).

Zugehörigkeits- und Systemgesetzebene: Treten Systemgesetzverletzungen wie Ausschluss, fehlender Respekt und Ungleichgewicht auf und werden diese Verletzungen nicht angesprochen, so wird die Lebensenergie Schritt für Schritt eingefroren. Sie wandelt sich um in Wut und Trauer (vgl. Bischop, D., 2010: »Coachen und Führen mit System«, S. 23 ff).

Die 10 Systemgesetze

Die 10 Systemgesetze werden nun in der Übersicht vorgestellt. In Kapitel 3 werden sie weiter ausgeführt. Sie sind nach der Stärke ihrer Wirkung, also nach Heftigkeit des verletzten Gefühls, angeordnet:

Systemgesetz	Bemerkungen
1. Recht auf Zugehörigkeit (kein Ausschluss) (Person, Kultur, Idee …)	Das Allerwichtigste, denn es sorgt für das Überleben
2. Recht auf Anerkennung, Wertschätzung, Respekt (Person, Kultur, Ordnung …)	Ohne Anerkennung kann kein System funktionieren
3. Recht auf Gleichgewicht von Geben und Nehmen	Jeder hat ein Gefühl dafür, ob es ausgeglichen ist. Die Frage lautet: Wer oder was ist wichtiger?

4. Früher hat Vorrang vor später ←	Gesetze 4–6 ergeben eine Ordnung oder Reihenfolge in sich. Danach hat Gesetz 4 Vorrang vor Gesetz 5 und Gesetz 5 hat Vorrang vor Gesetz 6.
5. Höhere Verantwortung/höherer Einsatz hat Vorrang ←	Vorrang wird durch Anerkennung gezeigt, hier dargestellt durch Pfeile
6. Mehr Kompetenz/ mehr Wissen hat Vorrang ←	Anerkennung zeigen heißt, anerkennend handeln
7. Neues System hat Vorrang vor altem System	Gilt nur, wenn alle sechs vorherigen Systemgesetze eingehalten werden
8. Gesamtsystem hat Vorrang vor Einzelperson oder Untersystem	Führt oft zu Systemgesetzverletzungen, wenn nicht Gesetz 9 angewendet wird
9. Aussprechen/anerkennen, was ist	Gesetze 9 und 10 sind die beiden Schlüssel, entweder zum Lösen von Systemgesetzverletzungen oder bei beabsichtigter Umkehrung der Ordnung der Gesetze 4–6
10. Ausgleich schaffen	Ausgleich schaffen ist erst dann möglich, wenn Systemgesetz 9 durchgeführt wurde

Im Tierreich wird eine Systemgesetzverletzung sofort ausagiert, indem gekämpft wird – dort entsteht keine eingefrorene Energie wie Wut. Wir Menschen handeln oft nicht sofort, sondern schlucken die Verletzung herunter.

Diese eingefrorene Energie, die Wut, staut sich immer mehr auf oder andere Personen als der Verursacher bekommen sie ab.

Bei einigen Menschen kommt es dann irgendwann zu einem unkontrollierten Wutausbruch mit entsprechenden negativen Folgen. Sie schießen über das Ziel hinaus und erreichen nicht, was sie ur-

sprünglich wollten, oder sie bekommen Angst vor sich selbst und
dem eigenen unkontrollierten Verhalten.

Bei anderen Menschen richtet sich diese Wut – dieser Stress – ge-
gen sich selbst (vgl. Hüther, G., 2002: »Biologie der Angst«, S. 30 ff.
und Rossi, E. L., 1991: »Die Psychobiologie der Seele-Körper-Hei-
lung«). Sie werden krank, von Wut zerfressen, bekommen Bluthoch-
druck, Depressionen (de press – Druck unterdrücken) oder einen
Herzinfarkt (vgl. Rüegg, J. C., 2012: »Die Herz-Hirn-Connection: Wie
Emotionen, Denken und Stress unser Herz beeinflussen«, S. 94 ff).

Hierarchie in den Veränderungsebenen

Auf allen Ebenen der Persönlichkeit kann eine Veränderung oder
Entwicklung ansetzen. Doch je tiefer die Ebene liegt, auf der die
Entwicklung stattfindet, umso grundlegender ist die Veränderung.
Dadurch ergibt sich eine Hierarchie der Entwicklungsschritte.
Wird auf der Verhaltensebene eine Veränderung gelernt, heißt das
nicht, dass sich dadurch die tieferliegenden Ebenen mit verändern.
Dazu ein Beispiel:

> **Beispiel:** Ein Klient beschreibt sein Thema so: »Ich kann nicht singen und
> ich bin unmusikalisch. Das will ich ändern.«
> Die Aussage »Ich kann nicht singen« liegt auf der Überzeugungsebene,
> und »Ich bin unmusikalisch« ist eine Identitätsaussage.

Jede Aussage, die »kann, darf, muss, soll« oder »kann nicht, darf
nicht, muss nicht, soll nicht« und Wörter wie »immer, nie, alle, notwendig...« beinhaltet, drückt eine Überzeugung aus. Diese Aussagen lassen sich mit Fragen des Meta-Modells hinterfragen, so dass
erstens diese Überzeugungen bewusst werden und zweitens Wahlmöglichkeiten entstehen können (vgl. Bischop, D., 2010: »Coachen
und Führen mit System«, 162 ff.) Im Beispiel »Ich kann nicht sin-
gen« lauten die beiden Fragen: Was bräuchten Sie, damit Sie es können? Und was würde geschehen, wenn Sie es täten?

Da hier jedoch noch eine Identitätsüberzeugung vorliegt, werden die beiden Fragen aus dem Meta-Modell nicht ausreichen, dieses Thema zu ändern.

Genauso hat die selbstdurchgeführte »Verhaltenstherapie« des Klienten, nämlich sich seiner Angst zu stellen und das Tanzen zu lernen (Goldstatus), nicht dazu geführt, dass sich seine Identitätsüberzeugung geändert hat. Die Aussage blieb: »Tanzen kann ich, aber ich bin trotzdem unmusikalisch.«

Er hat zwar seine Überzeugung »Ich kann nicht tanzen« in »Ich kann tanzen« verändert und ein neues Verhalten und Fähigkeiten erlernt. Diese beziehen sich jedoch auf einen bestimmten Kontext oder eine bestimmte Situation. Veränderungen auf der Verhaltensebene führen normalerweise nicht dazu, dass sich dadurch Überzeugungen auf der Identitätsebene mit auflösen.

Bei der zweiten »Verhaltenstherapie« des Klienten hat es selbst auf der Verhaltens-, und Fähigkeitenebene nicht ausgereicht, eine wirkliche Veränderung herbeizuführen. Der Klient nahm Gitarrenunterricht. Doch fragte ihn ein Freund, ob sie etwas zusammen spielen wollten, so kam die Angst in ihm hoch und er konnte nicht mehr musizieren bzw. entzog sich dieser Situation. Hier wirkte die Identitätsüberzeugung: »Ich bin unmusikalisch.«

Mit Hilfe der **Empowering-Methode**, die weiter unten ausführlich erklärt wird, wurde dann herausgefunden, wann dieses Gefühl und die Identitätsüberzeugung entstanden waren. Dazu ging er in Gedanken und mit seinem Gefühl soweit zeitlich in seinem Leben zurück, bis sich ein entspanntes Gefühl einstellte und er sagen konnte: »In dem Alter von fünf Jahren hatte ich dieses Gefühl, dass ich unmusikalisch bin, noch nicht.« Von dort näherte er sich dem Prägungserlebnis. Es war in der ersten Klasse, dort durfte er beim Üben und bei einer Aufführung nicht mitsingen. Dieses war für ihn eine Systemgesetzverletzung mit Ausschluss, Trauer und Wut. Diese Prägung hatte dann bei dem Klienten zu dieser Angst und dem Gefühl sowie der Identitätsüberzeugung geführt.

Innerlich konnte er sich vorstellen, was die positive Absicht der Lehrerin war, weshalb er nicht mitsingen durfte. »Sie wollte, dass die Aufführung perfekt wird.« »Sie wollte für sich Anerkennung von den Zuhörern.« Dann überlegte er sich, wie die Lehrerin sich hätte anders verhalten müssen, damit bei ihm keine Systemgesetzverletzung entstanden wäre und sie dennoch ihre positiven Absichten erreicht hätte. Dazu fiel ihm ein, dass sie mit ihm mehrere Einzelsingstunden hätte durchführen können und er dann hätte mitsingen dürfen. Als er mit dieser Vorstellung zufrieden war, ging er als Sechsjähriger in diese neue Situation und erlebte sie neu. Auch damit war er zufrieden. Auch konnte die Lehrerin sein entstandenes Leid sehen und ihm seine Wut nehmen. Dadurch löste sich die Angst auf und das alte Gefühl. Die Identitätsüberzeugung veränderte sich. Mit diesem neuen Gefühl und der neuen Identitätsüberzeugung ging er dann innerlich durch seine Lebensgeschichte und brachte überall dort, wo die alte Überzeugung wirkte, das neue Gefühl und die neue Überzeugung hinein. Er aktualisierte seine Lebensgeschichte. Beispielsweise konnte er sich vorstellen, mit seinen Freunden mit Freude gemeinsam Gitarre zu spielen. Der Test in der Gegenwart war dann, dass er ein Stück ohne Angst sang.

Überblick über die beiden Hauptmethoden – Genea- und Empowering-Methode

Am folgenden Beispiel werden die beiden Hauptmethoden im Überblick vorgestellt. Jede Methode wird danach ausführlich und im Detail im jeweiligen Kapitel erläutert.

> **Beispiel:** Eine Führungskraft hatte Schwierigkeiten, zu delegieren, und mit ihrem Zeitmanagement. Ursache dafür war ihr Perfektionismus, da sie lieber alles selbst machte (die Mitarbeiter erfüllten ihre Ansprüche nicht) und sie dadurch zu viel zu tun hatte.

Im Coaching stellte sich heraus, dass sie als Kind mit einer Note sechs nach Hause kam und dort gewaltigen Ärger mit ihren Eltern bekam. Bei ihr entstand die Angst, dass sie die Liebe und Anerkennung, vielleicht sogar die Zugehörigkeit zu ihren Eltern verlieren könnte, wenn sie noch einmal eine schlechte Note mit nach Hause brächte. Damit das nicht passiert, wurde diese Angstenergie in den Anspruch »perfekt sein müssen« umgewandelt.

Diese Prägung hat der Klient dann mit Hilfe der **Empowering-Methode**/Neuprägung verändert. D. h. er konnte sich innerlich vorstellen, dass seine Eltern eine gute Absicht hatten und der Ärger dazu dienen sollte, dass er fleißiger wird. Deren Absicht war es nicht, dass er Angst bekommt und daraus seinen Anspruch »perfekt sein müssen« ableitet. Dann konnte er sich vorstellen, dass sich seine Eltern im Rahmen ihrer guten Absicht anders verhalten (liebevoll konsequent), so dass er keine Angst bekommt und dennoch etwas lernt.

(In diesem Beispiel sind seine Eltern ausgeglichen kraftvoll genug, so dass sie liebevoll konsequent sein können. Ist das nicht der Fall, sind die Eltern also kein Elternpaar oder sind sie zu hart oder zu weich, so wird der Klient hier kein stimmiges neues Verhalten sehen können. Dann ist an dieser Stelle die **Genea-Methode** anzuwenden. Diese Methode führt dazu, dass die Eltern in der inneren Vorstellung des Klienten ausgeglichen kraftvoll und ein Paar werden können. Danach wird mit der **Empowering-Methode** fortgefahren.)

Als er dieses neue ausgeglichen kraftvolle Verhalten seiner Eltern sehen konnte und für gut empfand, durchlebte er diese neue Situation zusammen mit ihnen, indem er wieder Kind wurde und seine Eltern anders reagierten. Entscheidend hierbei ist es, dass sich das Gefühl veränderte und sich die Angst auflöste. Dieses neue Gefühl der Stärke und Zugehörigkeit brachte er dann in die Gegenwart.

Dadurch löste sich das »Perfekt sein MÜSSEN« auf und der Klient hatte nun die freie Wahl, ob er perfekt/gut sein WOLLTE oder auch nicht.

Die Folge davon war, dass er besser delegieren konnte, seinen Mitarbeitern mehr zutraute und selber mehr Zeit bekam für strategische Fragestellungen.

Erfahrungsgemäß sind Systemgesetzverletzungen die Ursache für diese oben genannten Themen. Deshalb werden in diesem Buch hauptsächlich die **Genea-Methode** zum Auflösen von Systemgesetzverletzungen bei unseren Ahnen – oft Kriegserlebnisse der Vorfahren – und die **Empowering-Methode** zum Neuerleben der Vergangenheit beschrieben.

Durch die **Genea-Methode** wird das Vorgehen zum Auflösen von Systemgesetzverletzungen auf die Vorfahren ausgedehnt. Selbst wenn die Vorfahren wie Großeltern oder Urgroßeltern nicht mehr leben, lassen sich die Auswirkungen der Systemgesetzverletzungen, die die Vorfahren erlebt haben, auflösen.

Das Vorgehen mit den vier Voraussetzungen, welches im nächsten Kapitel ausführlich erklärt ist, wird auf die Zeitlinie der Ahnen übertragen. Dann ist es möglich, dass der Verursacher das Leid sieht und die Wut nimmt, wodurch die Systemgesetzverletzung aufgehoben und die Auswirkungen auf die nachfolgenden Generationen aufgelöst werden können.

Wenn beispielsweise ein Vorfahre Angst erlebt hat, verhungern zu müssen, und diese Angst nicht bearbeitet hat, so kann sie unbewusst von einem Nachfahren übernommen werden. Dazu ist es nicht mal nötig, dass der Nachfahre diese Angst beim Vorfahren erlebt hat, es also keine Prägung oder Lernen gab. Diese Existenzangst kann sich darin ausdrücken, dass der Nachfahre Übergewicht hat (auf Vorrat essen, es könnte ja wieder eine Hungersnot geben), eine Sucht oder wenig Selbstvertrauen hat. Solche Themen lassen sich nicht mit Methoden bearbeiten, die nur die persönliche Lebensgeschichte von der Geburt bis zur Gegenwart betrachten. Denn im Beispiel von oben gibt es kein prägendes Erlebnis in der Lebensgeschichte des Klienten, sondern bei dessen Vorfahren.

Viele Coaching- oder Therapierichtungen arbeiten erfahrungsgemäß lediglich mit der eigenen Lebensgeschichte des Klienten und beziehen die Vorfahren nicht oder nicht ausreichend mit ein. Das führt dazu, dass zwar Themen oder Probleme aufgedeckt werden, die Ursachen dafür jedoch bei den Ahnen liegen und dadurch die Themen nicht aufgelöst werden können. Es bleibt dann dem Klienten nur die Möglichkeit, mit der Erkenntnis der Themen zu leben und zu lernen, damit umzugehen. Im Beispiel von oben z. B. auf seine Ernährung zu achten, Kalorientabellen zu führen, ...

Mir ging und geht es immer darum, Wirkung zu erzielen, d. h. die Ursachen zu finden und zu bearbeiten, wodurch die Themen sich auflösen.

Ich habe Methoden und Ansätze wie NLP, Timeline, TA, TZI, EMDR, Wingwave, Buddhismus, Zen, Kinesiologie, Aufstellungen, Yoga, Psychodrama, Gestalttherapie, Systemik (Selbstorganisation und Chaostheorie) und Quantenphysik kennen- und gelernt und daraus für mich die wirkungsvollsten Elemente extrahiert. Damit habe ich durch ständiges Anwenden und Ausprobieren im Coaching bei Klienten und bei mir selbst die Genea- und die Empowering-Methode entwickelt.

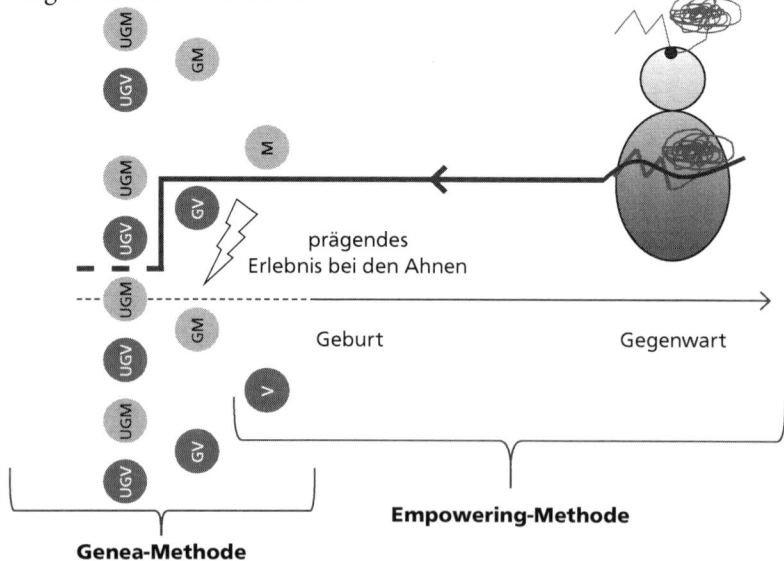

Genea-Methode bedeutet: Systemgesetzverletzungen bei den Ahnen auflösen, damit die Kräfte und Lebensenergien wieder voll und ganz fließen können.

Empowering-Methode bedeutet: Befähigung und Stärkung der eigenen Lebensgeschichte und das Leben im Hier und Jetzt mit den Kräften der Ahnen.

Die **Genea-Methode** löst Themen bei den früheren Generationen auf und die **Empowering-Methode** befähigt, stärkt und prägt das eigene erlebte Leben neu. Durch die Stärkung der Vorfahren lassen sich viele selbsterzeugte oder selbsterlebte Systemgesetzverletzungen im Privat- wie im Berufsleben auflösen. Ebenfalls werden dadurch neue Fähigkeiten, Verhaltensweisen, Überzeugungen, der Lebenssinn oder die Vision zugänglich gemacht oder werden neu gelernt. Das führt im obigen Beispiel dazu, dass der Nachfahre keine Existenzangst mehr verspürt und das Übergewichtsthema sich auflöst.

Die oben im Beispiel beschriebene Veränderung der Überzeugung »Ich bin unmusikalisch« kann trotz der positiven Effekte auch negative Begleiterscheinungen haben. Denkbar wäre, dass der Klient nun nur noch Gitarre spielt, um die verlorene Zeit nachzuholen, und dadurch seinen Beruf oder seine Familie vernachlässigt. Diese negativen Auswirkungen sind unbedingt zu hinterfragen, damit es zu keiner Symptomverschiebung kommt und eine Veränderung nachhaltig sein kann.

Ökologiecheck für die Persönlichkeitsentwicklung

Ich gehe davon aus, dass jede Veränderung auch negative Auswirkungen hat. Deshalb ist es so wichtig, diese ausfindig zu machen und dafür zu sorgen, dass diese negativen Auswirkungen nicht eintreten.

Folgende Fragen zum **Ökologiecheck** bei der Persönlichkeitsentwicklung sind hilfreich:

Welche negativen Auswirkungen können bei der Zielerreichung eintreten?
Was muss getan, gelernt oder verändert werden, damit diese negativen Auswirkungen nicht eintreten?

Als Beispiele wähle ich Übergewicht und Bulimie. Die Ökologiearbeit lässt sich aber auf viele andere Themen und Ziele übertragen.

> **Beispiel 1 – Abnehmen:** Eine Klientin probierte schon seit Jahren durch verschiedene Diäten abzunehmen bzw. ihr Wunschgewicht zu erreichen. Dieses Ziel konnte sie jedoch jedes Mal nicht halten, sondern es kam zum »Jojoeffekt« und sie hatte ihr altes verhasstes Übergewicht zurück.

Ökologiefrage: *Welcher sekundäre Gewinn liegt dahinter bzw. welche negative Auswirken gibt es bei der Zielerreichung?*

»Ihr Ziel ist es, Ihr Übergewicht loszuwerden bzw. Ihr Wunschgewicht zu haben, was passiert mit Ihnen und Ihrem Leben, wenn Sie Ihr Übergewicht nicht mehr haben?« Oder andersherum gefragt: »Welche negativen Auswirkungen können auftauchen, wenn Sie Ihr Wunschgewicht erreicht haben?«
Bei ihr tauchten mehrere negative Konsequenzen auf:

1. »Ich esse Schokolade und Süßes mit Heißhunger, um mit dem Übermaß an Stress im Job fertig zu werden. Wie soll das ohne Süßes gehen?«
2. »Mein Mann mag mich so, wie ich gerade bin, er könnte mich dann nicht mehr so attraktiv finden.«
3. »Kein Spaß mehr im Leben, da ich mich strikt an einen Diätplan halten und Sport machen muss.«
4. »Und ich wüsste nicht, wie ich mit erotischen Angeboten von Kollegen oder Freunden umgehen soll.«

5. »Ich bin so voller Wut auf meinen Chef und Kollegen, dass ich platzen könnte. Mein ›dickes Fell‹ schützt mich davor.«

Lernfrage: *Was müssten Sie tun/lernen/verändern, damit die negativen Auswirken nicht eintreten?*

Zu 1: Stress reduzieren, Nein sagen lernen, weniger perfekt sein müssen.

Zu 2: Mit dem Mann sprechen, die eigene Befürchtung überprüfen, ob es wirklich so wäre.

Zu 3: Diese Überzeugung verändern, indem andere Beispielfälle und Vorbilder gefunden werden, die ein Wunschgewicht haben, ohne etwas dafür zu tun.

Zu 4: Nein sagen lernen, für sich zu wissen, wie man auf einen Flirt angemessen reagieren kann.

Zu 5: Systemgesetzverletzungen mit dem Chef und den Kollegen auflösen. Evtl. vorher mit Hilfe der Genea-Methode, die weiter unten beschrieben wird, dafür sorgen, ausgeglichen kraftvoll und voller Selbstvertrauen zu sein.

Die Punkte »Nein sagen lernen« oder »Weniger perfekt sein müssen« oder »Selbstvertrauen« sind Coachingthemen, die z. B. durch die **Empowering- oder Genea-Methode** bearbeitet werden können.

Solange die sekundären Gewinne bzw. negativen Auswirkungen nicht alle gefunden und auf eine andere Art und Weise sichergestellt werden, taucht entweder das alte Thema wieder auf (man nimmt wieder zu) oder ein anderes Thema, beispielsweise eine andere Sucht, tritt an die Stelle des alten Themas.

Selbst wenn alle Ökologiethemen, d. h. alle sekundären Gewinne auf eine andere und bessere Art und Weise sichergestellt werden, kommt es vor, dass das Ziel trotzdem nicht erreicht werden kann.

Innere Erlaubnis als weitere wichtige Voraussetzung

Beispiel 2 – Abnehmen: Ein Klient hatte ebenfalls das Ziel, abzunehmen. Er hatte auch alle negativen Auswirkungen aufgedeckt und bearbeitet. Trotzdem konnte er sich durch sein verändertes Verhalten, wie mehr Sport oder auf seine Ernährung zu achten, nicht seinem Ziel nähern.

In einem solchen Fall ist es sinnvoll, die Erlaubnisfrage zu stellen.

Erlaubnisfrage: *Haben Sie, für sich gefühlt, die Erlaubnis, Ihr Ziel erreichen zu dürfen?*
Haben Sie gefühlt von Ihren Vorfahren, d. h. von Ihren Eltern und den beiden Großelternpaaren die Erlaubnis, Ihr Ziel erreichen zu dürfen? Und können Sie diese Erlaubnis annehmen?

Die Erlaubnis der Vorfahren ist oft dann nicht gegeben bzw. kann nicht angenommen werden, wenn bei den Vorfahren tiefe Verletzungen wie Leid, Trauer, Angst oder Wut entstanden sind und diese von ihnen nicht abgearbeitet wurden. Dann kommt es vor, dass ein Nachfahre diese Emotionen und die dahinter liegenden Themen auf sich nimmt.

In diesem Fall hatte der Großvater, als er in Stalingrad war, viel Leid, Angst und Hunger erlebt. Er hatte überlebt, wäre aber fast verhungert. Diese Angst vorm Verhungern hat sein Enkel unbewusst übernommen, deshalb musste er immer vorsorglich zu viel essen. (In anderen Fällen ging es um Verhungern auf der Flucht oder weil in der Familie nicht darauf geachtet wurde, dass jeder am Tisch genügend bekam usw.)

Diese Angst konnte der Klient in seiner inneren Vorstellung (Imagination) dem Großvater zurückgeben.

Danach konnte er sein Ziel erreichen.

Beispiel 3 – Bulimie: Eine Klientin hatte das Ziel, ihre Bulimie zu überwinden. Auch hier wurden alle negativen Auswirkungen aufgedeckt und bearbeitet. Trotzdem konnte sie sich ihrem Ziel nicht nähern.

In einem solchen Fall ist es sinnvoll, die Erlaubnisfrage zu stellen.

Erlaubnisfrage: *Haben Sie für sich gefühlt die Erlaubnis, Ihr Ziel erreichen zu dürfen?*
Haben Sie gefühlt von Ihren Vorfahren, d. h. von Ihren Eltern und den beiden Großelternpaaren die Erlaubnis, Ihr Ziel erreichen zu dürfen? Und können Sie diese Erlaubnis annehmen?

In ihrem Fall war ihre Großmutter auf der Flucht im Krieg verhungert. Ihre fehlende Erlaubnis bestand darin, dass sie aus unbewusster Loyalität der Großmutter gegenüber genauso handelte, um das gleiche Schicksal wie die Großmutter erleiden zu müssen. In der unbewussten Überzeugung, dass es dadurch der Großmutter besser gehe. Da es unbewusst war, konnte sie es vorher nicht auflösen.

Sie hatte dann das Gefühl, dass ihre Großmutter nicht will, dass ihre Enkeltochter hungert, sondern dass sie gut leben soll, aus Liebe zu ihr. Die Klientin konnte innerlich hören, wie ihre Großmutter dieses sagte, und die Erlaubnis annehmen. Gleichzeitig wurde im Coaching und der Ahnenarbeit noch viel Trauer und Wut bearbeitet.

> **Beispiel 4 – Bulimie:** Ein möglicher Grund kann auch sein, dass ein Vorfahre dafür verantwortlich war, dass jemand z. B. im KZ verhungert ist. So kann die Erkrankung signalisieren, dass dieses aufgedeckt werden sollte und der Vorfahre dafür die Verantwortung übernimmt, d. h. das Enkelkind erhält dieses Symptom und die fehlende Erlaubnis als Signal, dass bei den Vorfahren noch Dinge zu klären sind, damit Wut, Angst, Trauer oder Leid aufgelöst werden.

Beim Ökologiecheck und der Erlaubnisfrage geht es darum, ein stimmiges Gefühl für die Antwort zu erhalten. Erst wenn es sich stimmig anfühlt, kann es auch ökologisch sein. Dieses stimmige Gefühl wird in der gesamten Persönlichkeitsentwicklung gebraucht. Deshalb baut die **Genea- und Empowering-Methode** auch darauf auf, dass das Gefühl, welches durch das Denken entsteht (innere Bilder sehen) mit dem Gefühl, welches aus dem Unbewussten kommt, übereinstimmt. Nur wenn es sich stimmig anfühlt, wird eine nachhaltige Persönlichkeitsentwicklung möglich. Was bedeutet nun ein *stimmiges Gefühl*?

Stimmiges oder unstimmiges Gefühl zwischen dem Basisgefühl und dem Denkgefühl

Sehr häufig wird von der Zweiteilung in Kopf und Bauch gesprochen. Mit dem Kopf wird das Denken und mit dem Bauch das Gefühl assoziiert. Diese Aufteilung ist zu ungenau, denn es gibt zwei sich überlagernde Gefühle, die beide im Bauch/Körper fühlbar sind. Ich nenne sie **Denkgefühl** und **Basisgefühl.**

Definition: Das **Denkgefühl** ist das Gefühl, was durch das Denken wie Interpretieren (vgl. Bischop, D., 2010: »Coachen und Füh ren mit System«, 144 ff., Die Wahrnehmungsleiter), Rationalisieren usw. entsteht. Auch kann ein Denkgefühl das Denken beeinflussen. Das Denken und die Denkgefühle sind in einem Kreislauf miteinander verbunden.

Das **Basisgefühl** ist das Gefühl, welches bewusst fühlbar ist, ohne dass ein Denken vorhanden ist, und aus dem Unbewussten gespeist wird. Dieses Basisgefühl enthält alle Prägungen, Traumata, schöne Erlebnisse und auch alle Systemgesetzverletzungen wie Leid, Trauer, Angst und Wut.

Kopfkino: Das Denken hat sich verselbstständigt und überlagert das Unbewusste.

Bewusstes wie Denken oder Fühlen
→ **Denkgefühl** (Entsteht durch das Denken)

Unbewusstes
→ **Basisgefühl** (liefert das Unbewusste)

Übung: **Achtsamkeit**
Denken Sie an ein Ereignis, als Sie etwas gekauft und es hinterher bereut
haben.
Wie haben Sie sich zum Zeitpunkt des Kaufes gefühlt (Denk- und Basisgefühl) und was haben Sie damals gedacht? (»Muss ich haben.«)

Oft wird auf diese Frage geantwortet, dass die Gedanken/Überle-
gungen, wieso der Kauf gut war, überwogen. Es gab also viele ra-
tionale Argumente für den Kauf. Auch die Gefühle, die zu diesen
Gedanken gehörten, waren stark. Gleichzeitig gab es ein unstimmiges Gefühl oder ein leichtes Zweifeln, das ebenfalls als Gedanke
auftauchte. (»Brauche ich das wirklich? Eigentlich nicht.«)

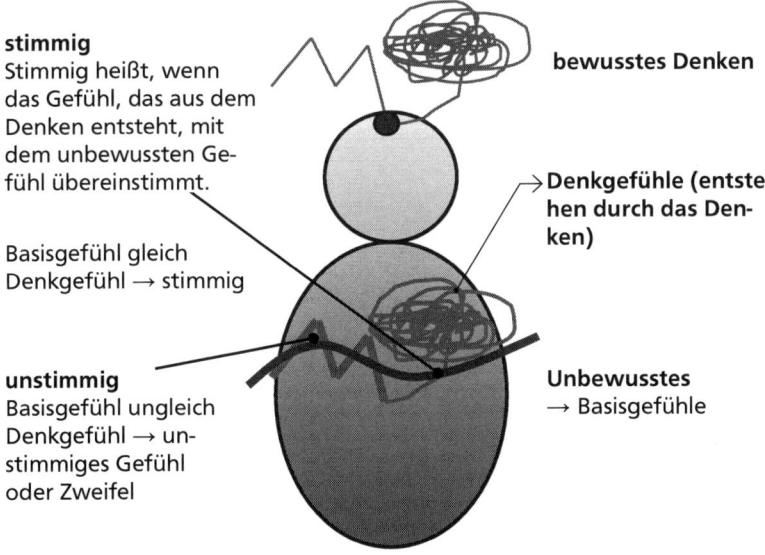

stimmig
Stimmig heißt, wenn
das Gefühl, das aus dem
Denken entsteht, mit
dem unbewussten Ge-
fühl übereinstimmt.

bewusstes Denken

Basisgefühl gleich
Denkgefühl → stimmig

→ **Denkgefühle (entste-
hen durch das Den-
ken)**

unstimmig
Basisgefühl ungleich
Denkgefühl → un-
stimmiges Gefühl
oder Zweifel

Unbewusstes
→ Basisgefühle

Fazit ist, dass das Gefühl, was durch das Denken hervorgerufen
wird, von mir **Denkgefühl** genannt, oft stärker spürbar ist als das
Basisgefühl, welches das Gefühl des Unbewussten ist. Es gibt also
das Basisgefühl und das Denkgefühl.

Stimmen das Basis- und das Denkgefühl überein, so dass es stimmig ist, wird man den Kauf nicht bereuen. Passen beide Gefühle nicht zusammen, so besteht zunächst die Schwierigkeit, dieses zu erkennen. In der Eigenwahrnehmung hilft es, besonders auf die leisen Töne und unterschwelligen Gefühle zu achten. Oft hilft es, sich Zeit zu nehmen und vor einer Entscheidung »eine Nacht« darüber zu schlafen, zumindest für eine kurze Zeit den Gedanken an die Entscheidung loszulassen und an etwas vollkommen anderes zu denken. Dann löst sich das stärkere Denkgefühl auf, da es ja dem Denken folgt. Wenn danach wieder neu über die Entscheidung nachgedacht und nachgefühlt wird, wird klarer, ob es stimmig ist oder nicht. Worte wie »eigentlich«, »im Prinzip« oder eine unstimmige Kommunikation (s. Bischop, 2010, S. 129 ff.) lassen ebenfalls diese Unstimmigkeit erkennen. Sie ist ein wichtiges Signal des Unbewussten und sollte unbedingt beachtet werden. Treten Signale (Symptome, primäre Gefühle oder Unstimmigkeiten) auf, so fragen Sie sich: Was soll ich tun? Missachten wir die Signale des Unbewussten (beispielsweise bei der Kaufentscheidung), so müssen wir mit den Konsequenzen leben (Kauf – Reue). Wir sind frei in der Entscheidung, aber nicht frei in den Konsequenzen. Das Unbewusste kennt/bestimmt die Konsequenzen. Wir sind frei von Konsequenzen, wenn wir uns auf das Unbewusste (bzw. die Antworten/Signale) verlassen.

Das Basisgefühl ist verstimmt

Die gerade genannte Stimmigkeit zwischen Basis- und Denkgefühl setzt voraus, dass das Basisgefühl nicht durch starke Verletzungen wie Ängste, Trauer, Ausschluss usw. verstimmt ist. Ist das Basisgefühl verstimmt (etwas verstimmt ist es bei jedem Menschen, ansonsten wären ja alle Themen geklärt und der Mensch zu hundert Prozent ++), so führt der Abgleich mit dem Denkgefühl entweder zu einer verstimmten Stimmigkeit oder zu einer verstimmten Unstimmigkeit. Je mehr Themen in der Persönlichkeitsentwicklung aufgearbeitet sind, desto weniger verstimmt ist das Basisgefühl und umso weniger verstimmt ist die Stimmigkeit.

Jede Entscheidung ist eine Fehlentscheidung, da sie auf der Denkebene stattfindet und automatisch zwischen der einen oder anderen Variante scheidet. D. h. es gibt immer Nachteile und es wird immer ein Preis für jede Entscheidung bezahlt. Wird mit dem Unbewussten solange gearbeitet, bis sich das Gefühl ergibt, dass der eine Weg oder die eine Variante die richtige ist, so fühlt es sich stimmig und rund an – dann ist es keine Entscheidung mehr, da nichts aufgespalten oder geschieden wird.

Im Rahmen der Persönlichkeitsentwicklung ist darauf zu achten, dass jede Veränderung und jeder Schritt sich immer stimmig anfühlen. Ist ein leiser Zweifel da oder fühlt es sich etwas unstimmig an, so wird dieses als Signal angesehen und als Hinweis genutzt.

Imagination und innere Visualisierung bzw. Hören

Die **Genea- und Empowering-Methode** arbeitet mit der inneren Visualisierung und dem inneren Hören. Wenn Sie sich an den letzten Urlaub erinnern, werden Sie sehr wahrscheinlich erinnerte Bilder oder einen Film sehen und evtl. auch Geräusche oder Gesprochenes hören. Diese inneren Bilder erzeugen das Denkgefühl.

Wenn in der Genea-Methode z. B. die Großeltern visualisiert werden, die als ausgeglichen kraftvolles Paar eng zusammenstehen, so erzeugt auch dieses Bild ein Denkgefühl. Fühlt sich dieses Bild stimmig an, d. h. das Basisgefühl passt zum Denkgefühl, so wird es richtig und auch so gewesen sein. Fühlt es sich nicht stimmig an, so waren die Großeltern kein ausgeglichen kraftvolles Paar, da das Basisgefühl etwas anderes aufzeigt. Das Basisgefühl ist der Wegweiser, der anzeigt, wie es bei den Vorfahren war/ist. Deshalb reicht das Denken (auch positives Denken) nicht allein aus. Erfahrungsgemäß lassen sich Systemgesetzverletzungen, die dem Basisgefühl zugeordnet werden, nicht durch ein verändertes Denken auflösen.

KAPITEL 2: EMPOWERING-METHODE

Die **Empowering-Methode** wird verwendet, um prägende Erlebnisse aus der Vergangenheit neu zu erleben und neue Handlungsweisen, Gefühle und Überzeugungen zu erhalten.

Die in diesem Kapitel vorgestellte Methode des **Empowering** baut auf die Technik des Neuprägens (reimprinting technique) von Dilts auf (Dilts, Die Veränderung von Glaubenssystemen – NLP Glaubensarbeit, S. 122 ff). Ich habe sie um das Basisgefühl als Eingangsgefühl erweitert, so dass es einfacher ist, zeitlich vor die erste Prägung zu gelangen. Zusätzlich kann das Kriterium »stimmig/unstimmig« genutzt werden. Weiter habe ich zwei Ausstiegsschleifen integriert. Die eine Schleife führt dazu, Systemgesetzverletzungen aufzulösen, und die andere Schleife leitet zur **Genea-Methode** über.

Wie in Kapitel 5 beschrieben, wird die **Empowering-Methode** auf die Ebenen der Veränderung des Klienten, auf Partnerschaften, Kinder, die Systemgesetzverletzungen mit anderen Personen beispielsweise im Beruf und zum Aktualisieren der Interpretationsleiter angewendet, auch vom Coach an sich selbst.

Zunächst wird die ausführliche **Empowering-Methode** beschrieben. Zwei Vorgehensweisen sind dazu unbedingt einzuhalten:
- Versetzen Sie sich/Ihren Klienten nie gedanklich in die prägende Situation von damals, sondern gehen Sie immer soweit auf der inneren Zeitlinie zurück, bis sich ein Gefühl von »davor« einstellt, also ein Zeitpunkt vor dem prägenden Erlebnis visualisiert und gefühlt wird.
- Beobachten Sie/Ihr Klient von dort aus auf der Zeitlinie dissoziiert, also mit innerem Abstand, z. B. Hubschrauberperspektive/Zuschauerperspektive, das prägende Erlebnis.

Wichtig: Gehen Sie innerlich, wenn Sie eine Verletzung oder Prägung bearbeiten wollen, nicht gedanklich in diese Situation. Bleiben Sie aus der Situation draußen, Sie werden sich ansonsten wieder genauso schlecht fühlen wie zum damaligen Zeitpunkt. Gehen Sie innerlich immer einen Schritt davor, wo es noch gut war. Nur so können Sie diese Themen von Grund auf abarbeiten.

Wichtig: Stellen Sie sicher, dass Sie bzw. Ihre Klienten dissoziieren können.

Dissoziieren heißt, dass die Person sich von außen oder auf einer Leinwand/Bühne sehen kann und dadurch nicht die Gefühle vom prägenden Erlebnis nochmal erleben muss. **Assoziieren** heißt, dass die Person aus sich selbst herausschaut und die Situation mit allen Gefühlen nochmal erlebt. Möglichkeiten, das Dissoziieren zu unterstützen, sind:

a. Wechseln von der Position des Prägungserlebnisses zur Meta-Position, d. h. eine neutrale Position, von der das Ereignis aus sicherer Entfernung betrachtet werden kann oder

b. lassen Sie den Klienten nach oben schauen und unterstützen Sie dies mit einer Handbewegung (normalerweise wird nach unten geschaut, wenn assoziiert und nach oben, wenn dissoziiert erlebt wird) oder

c. lassen Sie die Person sich und die anderen Personen von damals innerlich auf einer Filmleinwand in einem Kino sehen, vielleicht noch mit einer Glasscheibe dazwischen ...

Kann der Klient nicht dissoziieren, so kann hier nicht weitergearbeitet werden. Deshalb ist es notwendig, diese Fähigkeit vorher zu überprüfen. Als Vorbereitung nimmt man dazu ein Thema wie Achterbahnfahren oder ein Erlebnis der Person, woran sie sich gern oder neutral erinnert, und findet heraus, wie das Dissoziieren für die Person am einfachsten geht. Neben der Filmleinwand gibt es noch weitere Möglichkeiten.

Viele Methoden arbeiten jedoch damit, die Person wieder assoziiert in die schwierige Situation zu schicken. Neben den schlechten, damals erlebten Gefühlen, wie z. B. Schmerz oder Angst, erkennt die Person, worin das Problem liegt. Dann wird gemeinsam erarbeitet, wie die Person mit dieser bleibenden Thematik, z. B. Sucht, umgehen kann.

Doch genau vor dem erneuten Erleben der schlechten Gefühle haben viele Menschen Angst.

Bei der **Empowering- und Genea-Methode** gehen die Klienten innerlich auf ihrer Zeitlinie immer zu dem Zeitpunkt (in die Zeit zurück), an dem die Situation noch gut war. Dieser Zeitpunkt darf auch assoziiert erlebt werden und der Klient sich gut fühlen. Mir ging und geht es immer darum, Ursachen aufzudecken und von dort aus grundlegende Veränderungen zu ermöglichen. Wie mein Kollege Jürgen Weist sagte: »Wissen ist nur der Trostpreis.«

Empowering – Signale, Glaubenssätze/Überzeugungen und Gefühle verändern

Eine Prägung ist eine bedeutsame Erfahrung in der Vergangenheit, in der jemand einen Glaubenssatz und ein Gefühl »gelernt« hat. Eine Prägungserfahrung beinhaltet oft auch unbewusstes Modell- oder Vorbild-Lernen in Bezug auf wichtige andere Personen. Der Zweck und das Ziel des Neuprägens ist es, die Ressourcen zu finden, die für eine Veränderung des Glaubenssatzes notwendig sind und auch dafür, die damaligen Rollen-Vorbilder auf einen neueren Stand zu bringen.

Es wird also die Erinnerung an das damalige Ereignis verändert und somit eine zweite Erinnerungsmöglichkeit mit einem neuen Glaubenssatz und Gefühl gebildet.

Meine Erfahrungen mit dem Neuprägen als Coaching-Instrument zeigen, dass wir als Menschen nicht zwischen dem unterscheiden können, was wir für unsere wirkliche Vergangenheit halten, und dem, was wir oft genug und intensiv, assoziiert phantasiert

und uns ausgemalt haben. Darauf baut die **Empowering-Methode**
auf. Wir erhalten dadurch neue Wahlmöglichkeiten. Das Alte wird
nicht entsorgt, sondern bleibt parallel dazu erhalten. Wir können
uns jedoch jetzt für das Neue (Gefühl, Glaubenssatz) entscheiden,
wenn wir es in der Gegenwart benötigen.

Bitte haben Sie bei folgender Veränderungsarbeit die oben genannten **Ökologiefragen** im Kopf, die da lauten:
*Was ist das Gute am Jetzt? Welche negative Auswirkung könnte sich
ergeben, wenn der Glaubenssatz oder das Signal aufgelöst ist? Und
was können Sie tun, damit diese negativen Konsequenzen nicht eintreten?*

Hier nun eine Beschreibung für den Coach, wie er einen Klienten
anleiten kann:

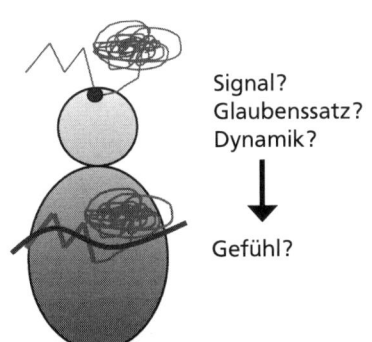

Signal?
Glaubenssatz?
Dynamik?

↓

Gefühl?

1a. Beginn: Finden Sie mit dem
Klienten den zu verändernden
Glaubenssatz bzw. das Signal.
*Welches Signal bzw. welche Dy-
namik gibt es? Wie lautet der
Glaubenssatz?*
Wenn ein Körpersignal wie ein
Schmerz als Signal genommen
wird, dann wird im nächsten
Schritt nicht mit diesem Körper-
signal gearbeitet, sondern trotz-
dem der Schritt 1b durchgeführt.

1b. Das tieferliegende dazugehörige Gefühl finden
*Wer sind Sie dann, wenn das Signal/die Dynamik jetzt auftritt? Bitte
sagen Sie einen Satz, der mit »**Ich bin ...**« anfängt. Welcher Satz mit
»Ich bin ...« würde dieses Gefühl noch verstärken?*

Beispiel: Eine Serie von Beinbrüchen ist das Signal.

»Als hätte mir jemand den Boden unter den Füßen weggezogen«, sagt der Klient dazu.

Wer bist du dann, wenn du an diese Serie von Beinbrüchen denkst?

»Ich bin hilflos.«

Und welcher Satz würde dieses Gefühl, welches zum Satz »Ich bin hilflos« gehört, noch verstärken?

»Ich bin allein.«

Und welcher Satz würde dieses Gefühl, das zum Satz »Ich bin hilflos und ich bin allein« gehört, noch weiter verstärken?

»Ich bin nichts wert – ich bin wertlos.«

Welcher der genannten Aussagen: Ich bin hilflos, allein, nichts wert und wertlos macht das stärkste und klarste Gefühl?

»Ich bin allein.«

Gibt es noch einen weiteren Satz, der dieses Gefühl noch weiter verstärken würde?

»Nein, das Gefühl reicht aus und der Satz auch.«

Fragen Sie solange weiter, bis eine klare Aussage und ein klares Gefühl vorhanden sind. Dieses Gefühl ist normalerweise nicht angenehm, deshalb führen Sie die nächsten Schritte möglichst zügig durch.

2. Überprüfen Sie die Ökologie
Prüfen Sie bitte an dieser Stelle, ob der Klient diesen Glaubenssatz über sich selbst oder dieses Signal auch wirklich verändern will. Wenn nicht, stellen Sie die Ökologie-Fragen: *Welche negative Auswirkung könnte sich ergeben, wenn der Glaubenssatz oder das Signal aufgelöst ist? Und was können Sie tun, damit diese negative Konsequenz nicht eintritt?*

3a. Führen Sie mit Hilfe der Gefühle in die Zeit, in der es noch gut war, also vor dem Prägungserlebnis, zurück
Nehmen Sie dieses Gefühl und diesen Satz auf der Identitätsebene »Ich bin ...« bzw. dieses Signal und gehen Sie damit langsam rückwärts (z. B. indem Sie rückwärts die Jahre zählen), bis sich das Ge-

fühl verändert und Sie und Ihr Klient sich gefühlt vor dem Prägungserlebnis befinden. Dort ist noch alles gut. Es tritt dann ein entspanntes Gefühl ein.

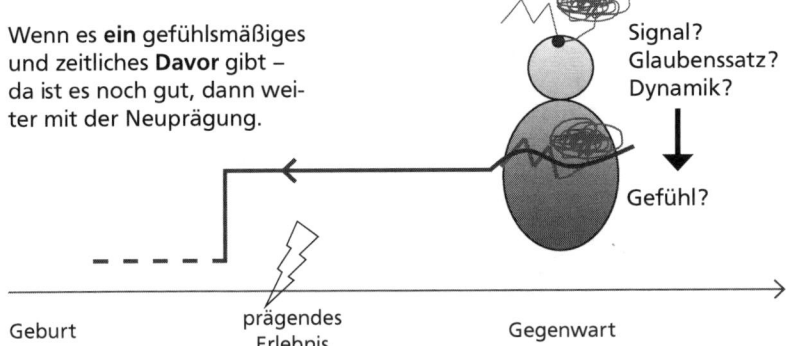

Wenn es **ein** gefühlsmäßiges und zeitliches **Davor** gibt – da ist es noch gut, dann weiter mit der Neuprägung.

Signal?
Glaubenssatz?
Dynamik?

Gefühl?

Geburt   prägendes   Gegenwart
                       Erlebnis

Wenn Sie es gefunden haben, so beschreiben Sie das Gefühl davor. *Wie ist es dort? Wo sind Sie da, wo es noch gut ist?* Diesen Zustand als Ressource ankern, indem der Klient ein Stichwort sagt.

Wird an dieser Stelle keine Gefühlsveränderung zum Guten gefunden, also gibt es kein *Davor*, so geht der Klient bis zur Geburt zurück. Ist dort immer noch das Ausgangsgefühl, so heißt dieses, dass der Glaubenssatz oder das Signal/Gefühl schon von seinen Ahnen kommt. Hier wird dann die weiter unten beschriebene Methode »Dynamiken als Signal« und die **Genea-Methode** durchgeführt.

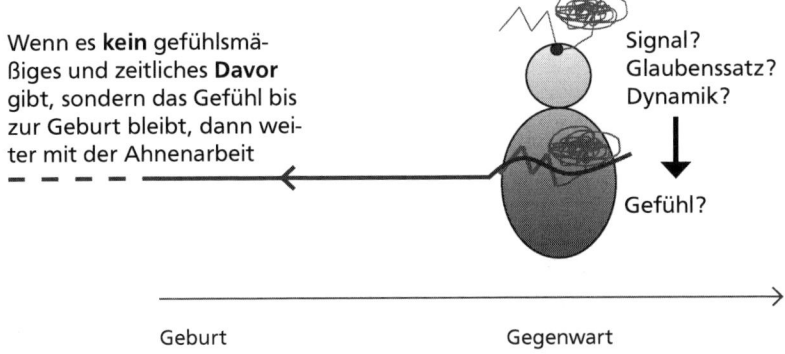

Wenn es **kein** gefühlsmäßiges und zeitliches **Davor** gibt, sondern das Gefühl bis zur Geburt bleibt, dann weiter mit der Ahnenarbeit

Signal?
Glaubenssatz?
Dynamik?

Gefühl?

Geburt   Gegenwart

3b. Führen Sie in das Prägungserlebnis mit Hilfe der Gefühle
Gehen Sie nun langsam vorwärts, bis Sie die früheste Erfahrung des Gefühls oder des Symptoms erreicht haben. Wenn das Ausgangsgefühl anfängt, sich zu zeigen, und erste Bilder auftauchen, sofort dissoziieren. *Bewusst werden Sie es normalerweise nicht finden, also überlassen Sie es Ihrem Unbewussten, Ihnen die richtigen und frühesten Bilder zu schicken.*

Ist das Prägungserlebnis vorher bekannt, so wird dieser Schritt 3b nicht gebraucht und es geht gleich weiter mit der dissoziierten Betrachtung der Situation.

4. Lassen Sie dissoziieren
Ist eine Situation aufgetaucht, bringen Sie den Klienten **sofort** in eine dissoziierte Position. Dissoziieren heißt, dass die Person sich von außen oder auf einer Leinwand sehen kann und dadurch nicht die Gefühle vom prägenden Erlebnis nochmal erleben muss.

Die nächsten Schritte von 5 bis 9 werden alle dissoziiert durchgeführt. Geht der Klient während einer der folgenden Schritte 5–9 in die Assoziation, so stoppt der Prozess. Deshalb müssen Sie darauf achten, dass der Klient dissoziiert bleibt oder, falls er assoziiert, ihn wieder in die Dissoziation zurückholen. Sie bitten ihn, die Position zu wechseln, nach oben zu blicken oder den Film zu betrachten. Eine Assoziation können Sie an einer veränderten Haltung und Physiologie erkennen, beispielsweise ein Zusammensacken, ein Anspannen der Muskeln, Blick nach unten oder schnellere und flachere Atmung.

5. Verantwortliche finden lassen
Lassen Sie den Klienten das Ereignis dissoziiert sehen, so, als ob er einen Film oder Bilder von sich selber (als er noch jünger war) sehen würde.

Schauen Sie sich von außen in der Situation um, bzw. lassen Sie die Zeit/den Film etwas vor- und zurücklaufen, so dass Sie vielleicht einen größeren Überblick bekommen, welche Personen, außer Ihr jüngeres Selbst, zu diesem Prägungserlebnis dazugehören. Können Sie Ihr jün-

geres Selbst sehen? Wie alt ist Ihr jüngeres Selbst? Können Sie die re-
levanten Personen sehen, die für diese Prägung verantwortlich sind?
Begrüßen Sie alle Personen, auch Ihr jüngeres Selbst auf Ihre Art und
Weise. (Die Begrüßung unterstützt die Dissoziation.)

6. Positive Absichten der Beteiligten finden lassen
Finden Sie die positive Absicht des Verhaltens von jedem wichtigen
Anwesenden heraus. Z. B. können Sie/Ihr Klient die Personen und
Ihr/sein jüngeres Selbst höflich befragen. *Welche positive Absicht*
könnte die verantwortliche Person gehabt haben – unabhängig von
der negativen Auswirkung, die entstanden ist? Und welche weitere
positive Absicht ist noch möglich?

Wenn mehrere verantwortliche Personen da sind, finden Sie von
allen die positiven Absichten heraus.

Welche positive Absicht könnte Ihr jüngeres Selbst gehabt haben?

Wenn für alle wichtigen Beteiligten eine oder mehrere positive
Absichten gefunden wurden (neu deuten), kommt es zu einer Art
Versöhnungsphysiologie, erst dann darf zu Schritt 7 gegangen werden. Die Versöhnungsphysiologie zeigt sich beispielsweise durch
eine Aufrichtung der Haltung, Entspannung der Gesichtszüge, evtl.
ein Lächeln oder ein stärkeres Ausatmen.

7. Ressourcen und Wahlmöglichkeiten finden lassen
Welche Ressourcen/Energien/Fähigkeiten/Einstellung/Wahlmöglich-
keiten bräuchte die verantwortliche Person, damit sie sich neu ver-
halten kann, so dass trotzdem deren positive Absicht gewahrt bleibt?
Sie können auch die Person fragen, was sie gebraucht hätte.

Lassen Sie nun für alle verantwortlichen Personen neue Ressourcen finden und auch für das jüngere Selbst des Klienten.

Welche Ressourcen würden Sie Ihrem jüngeren Selbst geben? Sie
brauchen sich dabei nicht auf die Fähigkeiten zu beschränken, die Sie
und die anderen damals zur Verfügung hatten, sondern Sie können
Ihr Wissen, Ihre Weisheit, Ihre Erfahrung hineinbringen. Verändern
Sie es so, wie Sie es, wenn Sie den Film noch einmal drehen könnten,
am liebsten hätten.

Ausstiegsschleife – Systemgesetzverletzung auflösen: Falls Sie/Ihr Klient noch starke Gefühle wie Leid, Trauer, Angst und Wut in sich tragen, so reicht es normalerweise nicht aus, dem Verursacher ein neues Verhalten zu geben. Ist jedoch der Verursacher in der Lage, Ihr Leid/ das Leid Ihres Klienten anzuerkennen und Ihre/seine Wut zu nehmen, so löst sich Ihr/sein Gefühl von Leid und Wut auf. Falls nicht, so kann hier nicht weitergearbeitet werden, sondern es müssen erst, wie in Kapitel 3 beschrieben, die Systemgesetzverletzungen aufgelöst werden.

Sind die Eltern für das prägende Ereignis verantwortlich und sind sie nicht ausgeglichen kraftvoll bzw. kein Paar, so reichen die Ressourcen zum Neuprägen nicht aus. Hier ist zuerst die Ahnenarbeit mit Hilfe der **Genea-Methode** nötig, damit die Eltern ein kraftvolles Paar werden (d. h. sie haben Urvertrauen und sind liebevoll konsequent) und dadurch die größte aller Ressourcen erhalten. Danach können Sie an dieser Stelle weitermachen.

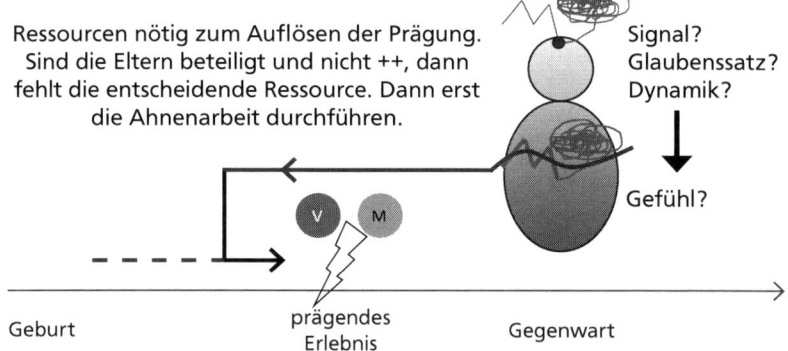

Ressourcen nötig zum Auflösen der Prägung.
Sind die Eltern beteiligt und nicht ++, dann
fehlt die entscheidende Ressource. Dann erst
die Ahnenarbeit durchführen.

Signal?
Glaubenssatz?
Dynamik?

Gefühl?

V   M

Geburt   prägendes   Gegenwart
                Erlebnis

8. Neues Verhalten mit den neuen Ressourcen sehen lassen
Lassen Sie den Klienten in Bezug auf jeden der verantwortlichen Personen (auch dessen jüngeres Selbst) in dem Ereignis den Film noch einmal ansehen. Dabei soll er darauf achten, wie sich das Erlebnis/Verhalten verändert hätte, wenn der jeweiligen Person die notwendigen Ressourcen zur Verfügung gestanden hätten, die zu den jeweiligen positiven Absichten passen würden. Ressourcen

können neue Verhaltensweisen sein, andere Fähigkeiten wie z. B. zuhören, liebevoll oder streng sein können oder veränderte Überzeugungen wie »Das schaffe ich« oder »Ich bin stark«.

Bringen Sie nun die Ressourcen, die sich stimmig anfühlen, zu den einzelnen Personen und sehen Sie das neue Verhalten. Machen Sie das immer nur mit einem der verantwortlichen Personen zurzeit, wobei Sie das Verhalten der anderen zunächst jeweils konstant lassen.

Beispiel: Ist die Mutter normalerweise genügend ausgeglichen kraftvoll und hat sich in einer prägenden Situation verletzend verhalten, so wird es sich stimmig anfühlen, wenn der Mutter diese Ressource zugeordnet wird und das neue Verhalten (was ja ansonsten üblich war) gesehen werden kann. Ist hingegen die Mutter normalerweise gefühlskalt/hart oder schwach, so ist es vielleicht möglich, sich die Mutter ausgeglichen kraftvoll vorzustellen, es wird sich aber unstimmig anfühlen und auch das neue Verhalten wird nicht ausreichend sein. An dieser Stelle gehen wir dann zur **Genea-Methode** über. Können Sie das neue Verhalten der verantwortlichen Person zur neuen Ressource sehen? Wie verhält sich die Person, wenn Sie die Ressource hat? Wie verhält sich Ihr jüngeres Selbst, wenn das jüngere Selbst die Ressourcen hat? Stellen Sie sicher, dass die Ressource wirklich ausreicht, um das Erlebnis/das Verhalten zu verändern. Wenn nicht (gehen Sie zurück zu Schritt 6 und 7 und) – finden Sie weitere positive Absichten und/oder Ressourcen, die vielleicht übersehen worden sind.

9. Zufrieden mit dem neuen Erlebnis?

Fragen Sie dann: *Sind Sie mit dem neuen Verhalten oder dem neuen Erlebnis zufrieden? Oder gibt es noch etwas, was hinein müsste, was verändert werden müsste, damit Sie voll und ganz zufrieden sind?*

Ist der Klient nicht voll zufrieden, gehen Sie wieder zurück zu Schritt 6, 7 und 8.

Erst bei voller Zufriedenheit folgt der nächste Schritt:

10a. Assoziieren lassen

Lassen Sie den Klienten das neugeprägte Ereignis noch einmal durchleben, dieses Mal aber **assoziiert**. *Gehen Sie in Ihr jüngeres*

Selbst hinein und erleben Sie das neue Verhalten der anderen Personen und von sich selbst. Wie ist es dann?

10b. Zufrieden mit dem neuen Erlebnis?

Fragen Sie dann: *Sind Sie mit dem neuen Verhalten oder dem neuen Erlebnis zufrieden, oder gibt es noch etwas, was hinein müsste, was verändert werden müsste, damit Sie voll und ganz zufrieden sein können? Was könnte das sein? Was bräuchte die verantwortliche Person noch? Was bräuchten Sie noch?*

Ist der Klient trotz dieser Fragen und der gefundenen Ressourcen bzw. neuem Verhalten nicht voll zufrieden, gehen Sie wieder zurück zu Schritt 6, 7 und 8.

Erst bei voller Zufriedenheit folgt der nächste Schritt:

11. Neues Gefühl und neue Identität »Ich bin …« beschreiben lassen

Welches neue Gefühl fühlen Sie in dem neuen Ereignis? Und wer sind Sie dann? Sagen Sie einen Satz mit »Ich bin …«

Wie verändert sich die alte Identitätsaussage »Ich bin …«? Wie lautet nun der neue Satz?

Der Klient soll oft genug durch dieses Erlebnis gehen, damit es so intensiv wie die Originalprägung wird.

12. Das Neue in die Gegenwart bringen lassen

Geben Sie folgende Anleitung: *Gehen Sie innerlich auf Ihrer Zeitlinie von dort mit dem neuen Glaubenssatz »Ich bin …« und dem neuen Gefühl bis zur Gegenwart und lassen Sie Ihrem Unbewussten alle Situationen, die mit der Originalprägung zu tun hatten, mit dem Neuen aktualisieren. Einige Situationen wären gar nicht aufgetaucht, andere erscheinen in einem neuen Licht, andere verändern sich. Wichtig ist, dass das neue Gefühl bleibt. Wenn nicht, so benennen Sie die Situation, die sich nicht so einfach aktualisieren lässt.*

Führen Sie für diese Situation wieder eine Neuprägung durch. Entweder starten Sie dafür bei Schritt 4 oder bei Schritt 10a. Normalerweise geht diese Neuprägung sehr viel schneller, da der Klient erstens das Verfahren schon kennt und zweitens häufig nur eine kleine Ressource hinzugefügt werden muss. Lassen Sie ihn dann bis zur Gegenwart gehen.

13. Zukunft aktualisieren lassen
Von dort in die Zukunft gehen lassen, bis zum Tode.

Gehen Sie soweit mit dem neuen Glaubenssatz »Ich bin ...« und dem neuen Gefühl in die Zukunft, bis zu dem Alter, wo Sie meinen, dort geht Ihr Leben hier auf der Erde zu Ende. Und bringen Sie den Glaubenssatz »Ich bin...« in Ihre Zukunft bzw. lassen Sie alle zukünftigen Situationen davon profitieren.

Wichtig ist dieser Schritt, da viele Entscheidungen und Ziele für die Zukunft schon mit einem alten GLAUBENSSATZ getroffen wurden. Wenn jemand z. B. Angst vorm Wasser hatte, wird er normalerweise keinen Urlaub am Meer verbringen. Ist der neue GLAUBENSSATZ in sein Leben getreten, so wird er vielleicht doch den nächsten Urlaub am Wasser verbringen wollen.

Sind, wie in Schritt 7 angedeutet, die Eltern für das prägende Erlebnis verantwortlich und es sind nicht genügend Ressourcen bei den Eltern vorhanden, so kann die **Empowering-Methode** an der Stelle nicht weiter durchgeführt werden. Hier ist es dann nötig, zuerst den Eltern (in der inneren Vorstellung des Klienten) die nötigen Ressourcen und Kräfte zur Verfügung zu stellen. Dazu wird die **Genea-Methode**, die in Kapitel 4 beschrieben wird, genutzt. Sind dann die Eltern kraftvoll und ressourcenvoll genug, werden mit Hilfe der Genea-Methode Systemgesetzverletzungen bei den Ahnen abgearbeitet. Das führt dazu, dass die Vorfahren wieder in ihre Kräfte und Energien kommen können.

Hier beginnt schon die **Empowering-Methode**. Wie verhalten sich die Großeltern mit der neuen Stärke? Und wie ist es, wenn die Eltern zum ersten Mal ein richtiges Paar sind? Sie können beieinander stehen, liebevoll sein. Sie vermitteln Vertrauen und liebevolle Konsequenz.

Und wie ist es für das Kind nun anders? Wie wächst es anders auf mit solchen ausgeglichen kraftvollen Eltern?

KAPITEL 3: SYSTEMGESETZE UND KRÄFTE DER AHNEN

Die Systemgesetze in einem menschlichen System (Team, Familie, Organisation, Unternehmen, Länder, …) wirken im Verborgenen. Sie sind den Menschen normalerweise nicht bewusst. Ihre Wirkung spürt der Einzelne oder das gesamte System jedoch in positiver oder negativer Motivation. Werden diese Systemgesetze eingehalten, so ist das ganze System motiviert. Die Beziehungen stimmen, jeder einzelne fühlt sich unterstützt, gestärkt usw.

Werden diese Gesetze missachtet, so werden das System und jeder einzelne geschwächt.

Das wichtigste Systemgesetz ist die »Zugehörigkeit zum eigenen System«, denn das bedeutet Überleben. So ist es heute noch im Tierreich, und wir bringen dieses Erbe, das in unseren Verhaltensprogrammen gespeichert ist, mit.

Das zweitwichtigste Systemgesetz ist »Gegenseitige Anerkennung, Wertschätzung und Respekt«. Kein System kann ohne Anerkennung langfristig funktionieren. Hier nun die Systemgesetze in der Reihenfolge ihrer stärksten Wirkung (vgl. Bischop, D., 2010: »Coachen und Führen mit System«, S. 23 ff):

Systemgesetzebene und Systemgesetze von Dr. D. Bischop

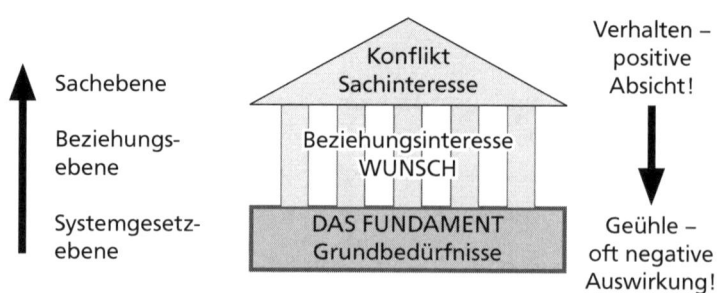

Systemgesetze

1. Recht auf Zugehörigkeit (kein Ausschluss) (Personen, Kultur, Ideen, ...)

2. Anerkennung, Wertschätzung, Respekt (Person, Kultur, Ordnung, ...)
3. Gleichgewicht von Geben und Nehmen

4. Früher vor später (höheres Dienstalter) hat Vorrang
5. Höhere Verantwortung/höherer Einsatz hat Vorrang
6. Mehr Kompetenz/mehr Wissen hat Vorrang

7. Neues System hat Vorrang vor altem System
8. Gesamtsystem hat Vorrang vor Einzelperson oder Untersystem

9. Aussprechen/anerkennen, was ist
   Z. B.:»Es war nicht meine Absicht,
   es tut mir leid!«
10. Ausgleich schaffen

1. bei beabsichtigter Umkehrung der Ordnung (4–6)
2. zum Lösen von Systemgesetzverletzungen

Damit Systemgesetzverletzungen aufgelöst werden können oder das fünfte Systemgesetz »Höhere Verantwortung/höherer Einsatz hat Vorrang« gelebt werden kann, muss die Person ausgeglichen kraftvoll sein. D. h. die Führungskraft oder der Elternteil, welcher Verantwortung übernehmen soll, muss auch Führungskraft oder Vater bzw. Mutter sein.

Da die **Systemgesetzebene** im Modell der Veränderungen für die Persönlichkeitsentwicklung die Basis ist, wird nun beschrieben, wie Systemgesetzverletzungen dazu führen können, dass Menschen nicht ausgeglichen kraftvoll bleiben. Es wird auch gezeigt, weshalb die Menschen so geworden sind und wie sich Systemgesetzverletzungen auflösen lassen, damit das Fundament wieder gegeben ist.

Die Wirkung zeigt, dass Verletzungen der Systemgesetze bei unseren Vorfahren/Ahnen auch direkten Einfluss auf die Nachfahren haben können. Systemgesetzverletzungen bei den Vorfahren können dazu führen, dass die Nachfahren geschwächt und nicht kraftvoll genug sind. Sie verursachen dann weitere Systemgesetzverletzungen.

Deshalb schauen wir uns jetzt das **Modell der Kräfte und Energien der Herz- und Schwertseite** an, die von Generation zu Generation weitergegeben wird.

Kräfte und Energien – Die Herz- und Schwertseite

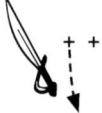

Schwertseite:
Verantwortung, Disziplin, Konsequenz, Stolz, Delegieren, ...

Herzseite:
Liebe, Wärme, Beziehung, ...

Jeder Mensch braucht beide Kräfte (+ +). Erst wenn im Menschen beide Kräfte ausreichend vorhanden sind bzw. zur Verfügung stehen, ist er ein ausgeglichener und vollständiger Mensch, der selbstbewusst, selbstsicher und voller Selbstvertrauen ist.

Die Quelle dieser Kräfte sind die Eltern und deren Eltern usw. Voraussetzung ist aber, dass die Eltern jeweils beide Kräfte haben (+ +) und dadurch ein Paar und die Kinder wirklich Kinder sein können. Die Kräfte erhalten die Kinder dann ausreichend, wenn die Eltern ein Elternpaar sind, d. h. sie können sich respektieren, beziehen sich in ihr Leben wechselseitig ein und achten auf einen Ausgleich von Geben und Nehmen.

Auswirkungen auf eine Führungskraft

+ bedeutet genügend Kraft oder Energie
– bedeutet zu wenig Kraft oder Energie

Voraussetzung für die Auflösung von Systemgesetzverletzungen sind ausgeglichen starke Menschen im Sinne der Kräfte der Ahnen.

Anhand von Führungskräfteverhalten werden die Kräfte der Ahnen dargestellt.

Führungskräfte, die als hart bezeichnet werden, haben vor allem Ziele und Zahlen im Fokus, aber vernachlässigen oft die menschliche Seite.

Unausgeglichen kraftvolle Führungskräfte, also zu harte oder zu weiche, werden **Verursacher von Systemgesetzverletzungen.**

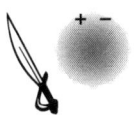

Führungskräfte (egal ob Mann oder Frau), die überwiegend die Schwertseite leben, sind zu harte Führungskräfte, die »über Leichen gehen«, nur Ziele und Zahlen im Kopf haben, aber nicht an die Menschen, Mitarbeiter und Kollegen denken.

Führungskräfte, die als weich bezeichnet werden, versuchen mit allen eine gute Beziehung zu leben, gehen dafür aber oft Konflikten aus dem Weg oder übernehmen nicht genügend Verantwortung.

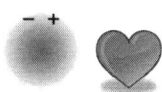

Führungskräfte, die überwiegend die Herzseite leben, sind zu weiche Führungskräfte, die oft nicht entscheiden, nicht konsequent sind, aber mit allen eine Beziehung pflegen.

Unausgeglichen kraftvolle Führungskräfte, also zu harte oder zu weiche, werden Verursacher von Systemgesetzverletzungen, da sie nicht wirklich ihre Verantwortung des Führens übernehmen und deshalb nicht anerkannt werden können.

Verhalten im Konflikt

Der Vergleich von ausgeglichen kraftvoll + +, zu hart + −, zu weich − + und − − mit dem »Ich bin o. k. Du bist o. k.«-Modell von Harris (vgl. Harris, T. A., 1975: Ich bin o. k. Du bist o. k. Wie wir uns selbst besser verstehen und unsere Einstellung zu anderen verän-

dern können. Eine Einführung in die Transaktionsanalyse, Reinbek, Neuaufl. 2002) zeigt vom Konfliktverhalten große Überein-
stimmung.

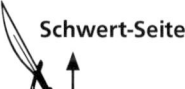

Schwert-Seite

+

Durchsetzung
- Grundhaltung +/−
- Herstellen einer
  Gewinner-/Verlierer-
  Situation
- Rivalisieren
- Macht einsetzen

Optimal: Integration
- Grundhaltung +/+
- Orientierung auf Pro-
  blemlösung
- Austausch von Informa-
  tionen, Wünschen und
  Ideen
- Aufzeigen von Unter-
  schieden
- alle können gewinnen

Vermeidung
- Grundhaltung −/−
- sich an scheinbar vorge-
  gebene Regeln halten
- auf Recht pochen
- Verschweigen von Infor-
  mation
- Unterschiede ignorieren

Anpassung
- Grundhaltung −/+
- Zustimmung
- Unterwerfung
- Schweigen

−

−   + **Herz-Seite**

Ausgeglichen kraftvoll/stark genug

Voraussetzung für die Auflösung von Systemgesetzverletzungen sind Menschen, die ausgeglichen stark genug sind.

 Führungskräfte, die beide Kräfte zur Verfügung haben, sind ausgeglichene Führungskräfte, die Verantwortung und Beziehung leben, liebevoll konsequent und selbstbewusst sind sowie Urvertrauen haben.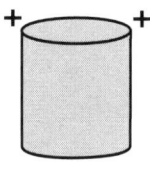

Ausgeglichen kraftvoll sind Führungskräfte, die die weiche (Herz-) und die harte (Schwert-) Seite gleichzeitig zur Verfügung haben. Sie können dann liebevoll konsequent sein oder nett und streng.

Ausgeglichen starke Menschen fühlen sich sicher und sind voller Selbst- und Urvertrauen.

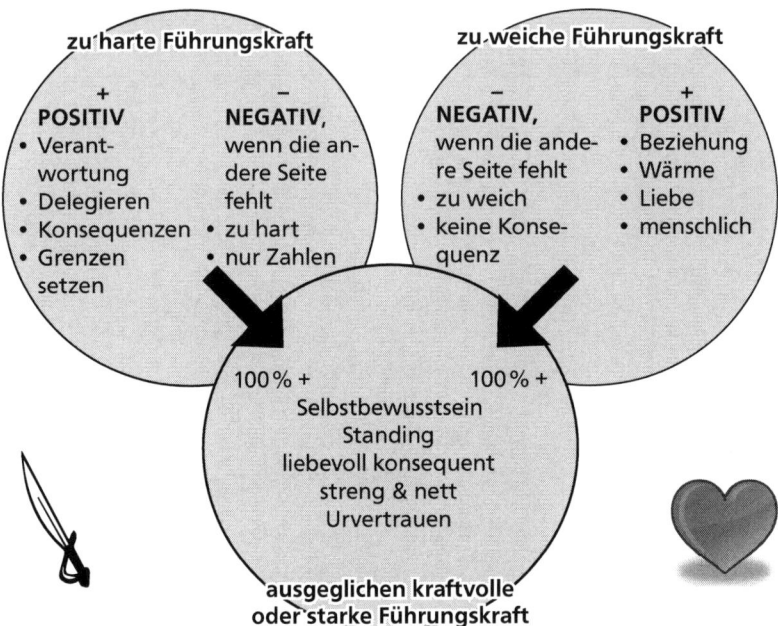

Für diese ausgeglichene Kraft oder Stärke wird hier auch der Begriff der **Lebensenergie** verwendet, die ein Mensch von seinen Vorfahren erhält.

Ursachen für nicht ausgeglichen kraftvolle Menschen

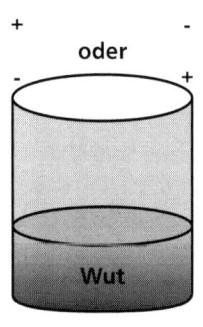

Es ist normal, dass im beruflichen oder privaten Umfeld Systemgesetzverletzungen entstehen. Fühlt sich eine Person verletzt, z. B. weil sich eine andere Person vorgedrängelt hat, so entsteht zuerst ein ungutes Körpergefühl. Fast zeitgleich entwickelt sich ein Aggressionsimpuls zum Kämpfen. Wird dieser Impuls nun unterdrückt – was aus guten Gründen sinnvoll ist – so wandelt sich diese Aggression in Wut um, d. h. die Aggression friert ein. Falls der Verletzte diese Verletzung nicht mit dem Verursacher auflöst, verringert sich die Lebensenergie.

Je nachdem, wie ein Mensch bewusst oder unbewusst damit umgeht, führt dieses dazu, dass er entweder zu hart + – oder zu weich – + wird. Beides kann zu Krankheiten, Burnout, Demotivation, Sucht, ja sogar Amoklauf und Selbstmord führen.

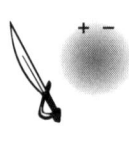

Die einen legen einen »Deckel« auf ihre Gefühle und trennen sich von ihren Emotionen, ihrem Leid ab. Das kann sich darin zeigen, dass sie sehr gut im logischen Denken und viel im Kopfkino sind oder alkoholsüchtig werden. Die eingefrorene Energie wird jedoch immer wieder durch aggressives Verhalten sichtbar.

Die anderen legen einen »Deckel« auf ihre eingefrorenen Aggressionen. Das kann sich darin zeigen, dass sie jedem Konflikt aus dem Weg gehen, fortdauernd trauern, ängstlich werden oder sich klein und leidend geben. Wenn das Fass überläuft und das Unterdrücken der Wut nicht mehr möglich ist, zeigt sich die eingefrorene Energie in einem Wutausbruch, so dass alle Anwesenden überrascht sind. Diese Menschen werden dann oft als Choleriker tituliert.

Die vier Voraussetzungen zum Auflösen von Systemgesetzverletzungen

- Der Auslöser oder Verursacher muss bekannt sein.
- Es muss eine Zeit geben, wo beide (Verursacher und Verletzter) sagen können, es war mal gut (also Respekt war vorhanden = wertschätzende Haltung ist möglich). Es muss die erste Ursache bekannt sein.
- Der Verletzte und der Verursacher müssen genügend ausgeglichen kraftvoll ++ sein.
- Sprachlich richtiges Vorgehen (keine Vorwürfe oder Rechtfertigung).

Auflösen von Systemgesetzverletzungen

A fühlt sich verletzt und sagt: »Ich fühle mich schlecht und habe ein Grummeln im Bauch.«
B: »Ich sehe und fühle deine verletzten Gefühle (Leiden), es war nicht meine Absicht, es tut mir leid.«

Erklärung	Systemgesetzverletzungen auflösen (3 W's)	Feedback geben/ nehmen (4 W's)
Ist notwendig – »es war mal gut« führt zur Haltung	0. Wertschätzende Haltung	0. Wertschätzende Haltung
Keine Interpretation oder Vorwurf	1. Wahrnehmung/Situation, die zur Verletzung geführt hat	1. Wahrnehmung/Situation

Erklärung	Systemgesetzverletzungen auflösen (3 W's)	Feedback geben/ nehmen (4 W's)
Keine Unterstellung, sondern Körpergefühl	2. Wirkung – Gefühle von A (Verletzung zeigen)	2. Wirkung – Gefühle von A
Hier teilt sich das Vorgehen.	**A hört auf zu sprechen und B spricht zu A.**	A spricht weiter und B hört bis zum Ende zu.
Ein Wunsch auf Systemgesetzebene darf nicht geäußert werden, da es dann seine Wirkung verliert.	A schweigt. B sieht Verletzung.	3. Wunsch, Lernaufgabe oder Forderung von A an B
Das Ziel ist hier unterschiedlich: Beim Feedback kann B lernen. Auf der Systemgesetzebene kann sich die Verletzung bei A auflösen.	B sagt dann:»Oh, es war nicht meine Absicht, dass du dich ... fühlst. Es tut mir leid.« B nimmt Wut.	B hört nur zu und fragt eventuell inhaltlich nach.
Ansonsten kommt es zur Eskalation.	Keine Rechtfertigung von B	Keine Rechtfertigung von B

Die linke Spalte beschreibt das Vorgehen, damit Systemgesetzverletzungen aufgelöst werden können. Die rechte Spalte ist die Handlungsanleitung für ein Feedback zum Lernen.

Die ersten drei Schritte: wertschätzende Haltung, Wahrnehmung und Wirkung sind bei beiden gleich. Nur darf im Gegensatz zum Feedback beim Auflösen von Systemgesetzverletzungen kein Wunsch oder Bedürfnis ausgesprochen werden, da eine evtl. Handlung von B sonst ihre Wirkung verlieren würde.

Am Beispiel wird dieses deutlich:»Ich habe das Bedürfnis nach Zugehörigkeit/Anerkennung und mein Wunsch ist, dass du mich einlädst.« Werde ich dann eingeladen, so bleibt oft der Gedanke: »Das macht er nur, weil ich es ihm gesagt habe und nicht, weil er es wirklich will.«

Das Aussprechen und das Zeigen der Verletzung müssen genügen, damit der Verursacher daraus lernt und selbst seine Schlüsse für die Zukunft daraus zieht.

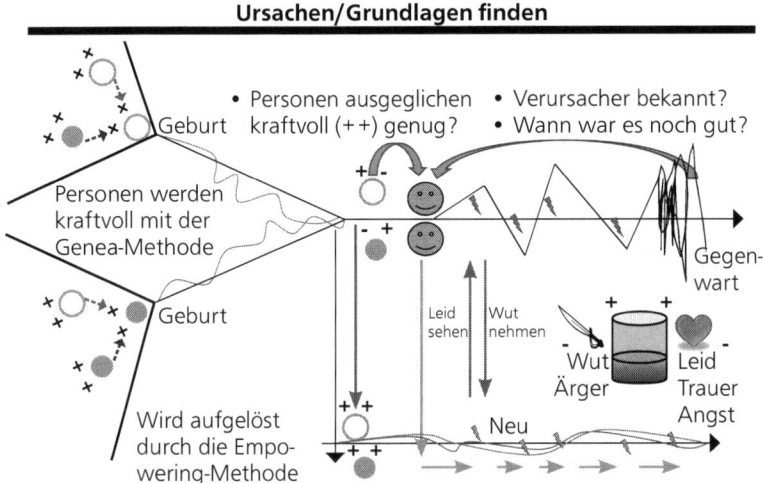

Sprachlich richtiges Vorgehen (3 W's und 2 A's)

Verletzter (3 W's):
- Wertschätzende Haltung bei beiden
- Wahrnehmung: Der Verletzte beschreibt die Situation bzw. das Verhalten des Verursachers möglichst objektiv – ohne Vorwurf.
- Wirkung: Der Verletzte beschreibt und zeigt sein Körpergefühl, d. h. sein Leid – ohne Interpretation: »Mein Bauch tat weh, ich hatte Herzrasen, ...«

Verursacher (2 A's):
- Anerkennung: Der Verursacher erkennt das Körpergefühl, das Leid an, indem er selber mitfühlt und Folgendes aus der richtigen Haltung heraus sagt: »Es tut mir leid, dass bei Ihnen die-

se verletzten Gefühle entstanden sind, es war nicht meine Absicht.« Dadurch löst sich die Verletzung, das Leid auf.

- Der Verursacher spricht **nicht** über sein Verhalten oder seine für ihn positive Absicht hinter dem Verhalten, da es meistens als Rechtfertigung ankommt.
- Ausgleich: Der Verursacher nimmt, wenn noch nötig, den Anteil der Wut zurück, für den er verantwortlich ist, und sorgt evtl. noch für einen weiteren Ausgleich.

Hier nun eine Übung, um herauszufinden, ob der Verursacher stark genug ist.

Übung: **Auslöser/Verursacher stark genug?**
Denken Sie an eine Person, die Sie vor Ihrem inneren Auge sehen, die Ihnen ausgeglichen kraftvoll vorkommt und von der Sie verletzt wurden. Nun beschreiben Sie innerlich der Person die Situation und Ihr Körpergefühl von damals, als die Verletzung entstanden ist. Wie ist die Reaktion der Person vor Ihrem inneren Auge?

Normalerweise ist die auslösende Person überrascht, dass ihr Verhalten so ein Gefühl und Leid erzeugt hat, und sie sagt spontan: »Das wollte ich nicht« oder: »Das war nicht meine Absicht.« Sie kann das Leid mitfühlen und dadurch anerkennen.

Falls die Wut sich beim Anerkennen der Verletzung nicht auflöst, muss der Auslöser die Wut vom Verletzten **zurücknehmen**.

Die Erfahrung zeigt, dass Wut nur vom Verursacher zurückgenommen werden kann. Ein Verletzter kann keine Wut zurückgeben, er kann nur seine Wut loslassen, wenn der Verursacher sie nimmt.

Wut zurückgeben funktioniert nicht, wenn der Verursacher zu weich oder zu hart ist oder wenn der Verursacher nicht bekannt ist. Es ist ein untauglicher Versuch, den viele Menschen ausprobieren, auf einen Boxsack einzuschlagen oder joggen zu gehen usw. Die Wut und der daraus entstandene Stress lösen sich für kurze Zeit auf, die Wut ist aber kurz danach wieder da.

Wird auf einen Boxsack eingeschlagen, um Wut loszuwerden, dann ist dies nur effektiv, wenn der Verursacher innerlich visualisiert ausgeglichen kraftvoll ist und das Leid sehen und die Wut nehmen kann.

Wird vom Verursacher das Leid gesehen und die Wut genommen, dann führt dieses zu einer Entspannung und einem Wohlgefühl beim Verletzten, so dass sich die Verletzung und die Wut auflösen und er die volle Energie zurückbekommt.

> **Übung: Auslöser/Verursacher nicht stark genug**
> *Was passiert nun mit der gleichen Übung mit einer zu harten oder zu weichen Person?* Probieren Sie es aus.
> *Denken Sie an eine zu harte Person, von der Sie verletzt wurden. Beschreiben Sie innerlich der Person die Situation und Ihr Körpergefühl.*
> *Wie ist die Reaktion?*

Üblicherweise kann eine zu harte Person das Leid bzw. die Verletzung nicht sehen oder anerkennen. Auch kann sie die Wut nicht zurücknehmen. Sie dreht sich z. B. weg oder es prallt ab. Oder Sie bekommen Angst.

> *Stellen Sie sich nun innerlich eine zu weiche Person vor, die Sie verletzt hat. Auch hier beschreiben Sie die Situation und Ihr Körpergefühl. Wie ist hier die Reaktion?*

Normalerweise kann eine zu weiche Person ebenfalls das Leid nicht wirklich sehen, sondern fällt selber ins Leid. Es kann dazu führen, dass der Verletzte sogar Mitleid mit dem Verursacher bekommt. Die Verletzung wird dadurch nicht aufgelöst und auch die Wut bleibt.

> Übung: **Es war nicht gut**
> *Was passiert nun mit der gleichen Übung, wenn es nicht die allererste Ver-*
> *letzung war, sondern die andere Person von Ihnen schon vorher verletzt*
> *wurde? Probieren Sie es aus.*
> *Denken Sie an eine Person, von der Sie verletzt wurden. Beschreiben Sie*
> *innerlich der Person die Situation und Ihr Körpergefühl.*
> *Wie ist die Reaktion?*

Üblicherweise kann die Person das Leid bzw. die Verletzung nicht ausreichend sehen oder anerkennen. Auch kann sie die Wut nicht zurücknehmen. Fragen Sie sich und innerlich die andere Person, ob es eine zeitlich vorangegangene Systemgesetzverletzung der Person durch Sie gegeben hat.

Wenn ja, dann können Sie Folgendes innerlich sagen: »Falls mein Verhalten zu einer Verletzung (verletztes Gefühl) geführt hat, so war es nicht meine Absicht und es tut mir leid.« Kommt es bei der Person an, dann sollten Sie noch sagen: »Und ich nehme meinen Anteil der Wut zurück, die zu der Verletzung gehört.«
Was passiert?

Ist die erste Verletzung aufgelöst, so können Sie nun der Person nochmal die Situation und Ihre Verletzung beschreiben. Jetzt wird Sie es sehen können und Ihre Wut nehmen.

Fazit: Damit Systemgesetzverletzungen aufgelöst werden können, müssen der Verursacher und der Verletzte ausgeglichen kraftvoll genug sein, und es muss ein Zeitpunkt gefunden werden, an dem es noch gut war (also eine Zeit vor der ersten Systemgesetzverletzung).

Ob ein Verursacher genügend ausgeglichen kraftvoll ist, können Sie durch diese Übung im Vorhinein innerlich ausprobieren.

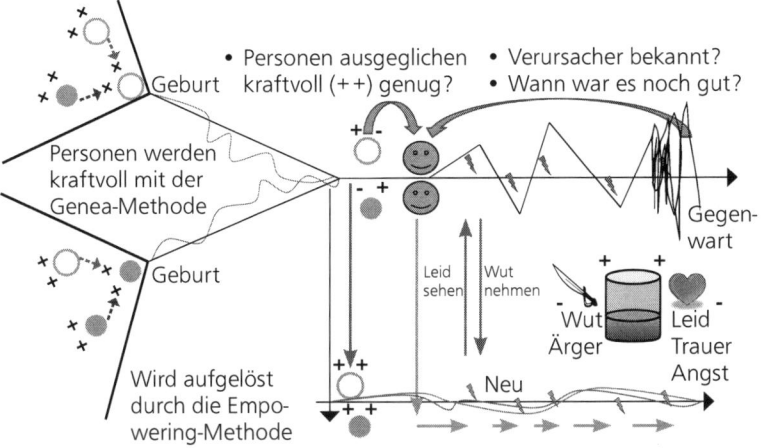

Wichtig: Gehen Sie oder Ihr Klient innerlich, wenn Sie eine Verletzung oder Prägung bearbeiten wollen, nicht gedanklich in diese Situation. Sie werden sich dann wieder genauso schlecht fühlen wie im damaligen Augenblick. **Gehen Sie innerlich immer einen Schritt davor, wo es noch gut war.** Nur so können Sie diese Themen von Grund auf abarbeiten.

Wichtig: Stellen Sie sicher, dass Sie bzw. Ihr Klient dissoziieren können/ kann. Dissoziieren heißt, dass eine Erinnerung von außen betrachtet werden kann, so dass man sich selbst als jüngeren Menschen sehen kann. So erlebt man nicht nochmal die damaligen Gefühle. Assoziiert heißt, dass die Erinnerung aus sich heraus nochmal erlebt wird und somit die gleichen Gefühle von damals auftauchen.

Kräfte der Vorfahren/Ahnen

Quelle der Kräfte der Ahnen (Herz und Schwert) bzw. der Lebensenergie sind unsere Vorfahren, so die Erfahrung von mir und vielen anderen Menschen, die die hier vorgestellten Methoden in meiner CoachMediator-Ausbildung erlernt haben und damit arbeiten oder gecoacht wurden.

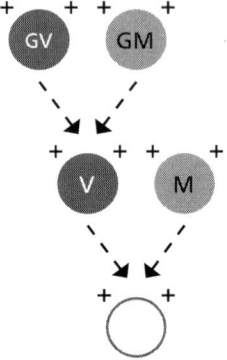

Die Kräfte der Ahnen werden von den Eltern jeweils an die Kinder weitergegeben. Voraussetzung für eine vollständige Weitergabe ist jedoch, dass keine gravierenden Systemgesetzverletzungen bei den Eltern oder deren Vorfahren vorliegen. Diese Systemgesetzverletzungen lassen sich jedoch in einer realen oder einer inneren Aufstellung vom Betroffenen bearbeiten, so dass die Kräfte ihm danach voll zur Verfügung stehen.

Ist die Voraussetzung, dass beide Konfliktpartner stark und ausgeglichen sind im Sinne der Kräfte ihrer Ahnen, nicht gegeben, so muss der Coach mit jedem einzeln die Formate **Genea-Methode** und **Empowering-Methode** durchführen.

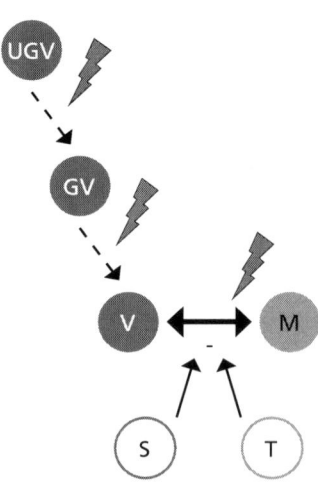

Sind die Eltern beide kraftvoll (+ +) (+ +) und stehen als Paar nebeneinander, so bekommt das Baby schon bei der Geburt alle Kräfte bzw. **Lebensenergien.**

Durch verschiedene Ereignisse wie Tod eines Elternteils oder andere Dynamiken wie Mobbing, die eine Systemgesetzverletzung darstellen, kann es zum Einfrieren der Kräfte/ Energien kommen.

Genauso kann es sein, dass die Eltern schon Systemgesetzverletzungen erlebt haben (z.B. Tod des Großvaters im Krieg), so dass die Eltern schon geschwächt sind und deshalb den Kindern nicht genügend Kräfte geben können.

Ist der Kraftfluss unterbrochen, z. B. weil der Großvater oder Urgroßvater früh gestorben ist und beim Sohn keine Trauerarbeit stattgefunden hat oder aus anderen weiter unten beschriebenen Gründen, so hat dieses verschiedene mögliche Folgen:

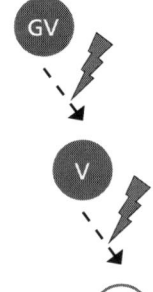

I. Vater und Mutter sind kein Paar.

II. Sohn bzw. Tochter übernehmen stellvertretend die Paarrolle.
Sie können keine eigene richtige Paarbeziehung eingehen!

III. Der Vater kann die Kraft nicht an den Sohn oder die Tochter weitergeben.

Mögliche Folgen:

- Sohn/Tochter kann keine Paarbeziehung eingehen.
- Er/sie kann kein starker Elternteil sein.
- Er/sie spielt und kümmert sich nicht oder nur wenig um seine Kinder.
- Sohn/Tochter kann keine gute Führungskraft sein, ihm/ihr fällt es schwer, Entscheidungen zu treffen bzw. Verantwortung zu übernehmen.

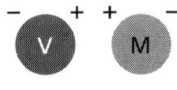

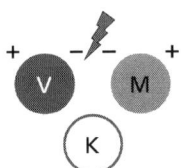

Oft finden sich Paare so zusammen, dass sich der Kräfte- oder Energiemangel als Paar ausgleicht. (Plus und Minus ziehen sich an.)

Schwierig wird es dann, wenn ein Kind dazu kommt. Ein Kind stellt diese Paarbeziehung auf die Probe. Normalerweise gehen solche Paarbeziehungen dann auseinander. Anscheinend war bis zum Kind alles gut. Einerseits wird dem Kind oft die »Schuld« für die Schwierigkeiten gegeben. Oder das Kind fühlt sich »schuldig«. Andererseits wird das Kind alles dafür tun, dass die Eltern zusammenbleiben. Denn es war früher so gut wie das Todesurteil für das Kind, wenn die Eltern sich getrennt hatten (z. B. im Mittelalter). Es kann sein, dass das Kind schwer krank wird, so dass sich beide Eltern ums Kind kümmern und zusammen bleiben (das ist aber keine Lösung).

Paardynamiken

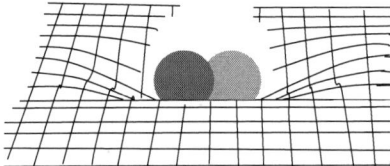

Besteht beim Mann und der Frau jeweils eine gute Verbindung zu ihren Vorfahren, sind also die Herzseite sowie die Schwertseite (Yin und Yang) vorhanden, dann können sie eine Paarbeziehung eingehen. Auch können sie dann ein Paar bleiben, wenn sie Kinder bekommen.

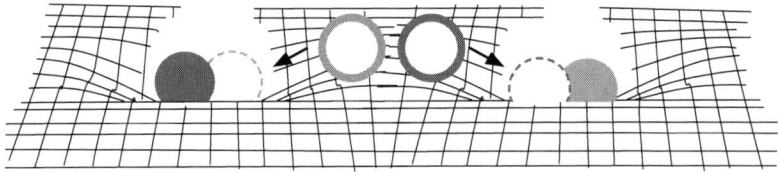

Kein Paar – Kinder übernehmen Paarrolle

Fehlen hingegen die Kräfte, so können sie kein Paar sein, spätestens dann, wenn Kinder ins Spiel kommen.

Das Kind braucht natürlich einen starken Vater und eine starke Mutter, die beide gleichzeitig liebevoll sein und Grenzen setzen können. Liegt ein Mangel an Kräften vor, so kommt es zum Ungleichgewicht.

Die Beziehung ist nur noch Elternschaft, beide sind kein Paar mehr, aber die Partner hinterlassen auch hier ihren Abdruck im Feld. Wir reden auch von einem *vergifteten Platz*. Dieser kann dann von den Kindern oder einem Patchwork-Partner eingenommen werden, da das Feld einen Ausgleich will.

> Beispiel: **Vergifteter Platz in einer Patchworkfamilie.** Ein Ehepaar hat ein gemeinsames Kind. Trennen sich diese Eltern im Schlechten, d.h. die Verletzungen wie Leid und Wut werden nicht aufgelöst und die Eltern schließen sich aus oder reden schlecht übereinander, so bleiben zwei vergiftete Plätze jeweils neben einem Elternteil übrig. Geht z.B. die Mutter eine neue Beziehung ein, so muss der neue Partner das frühere Elternpaar anerkennen, aber auch, dass das Kind mit der Mutter ein früheres System bildet. Er muss sich zurückstellen.
>
>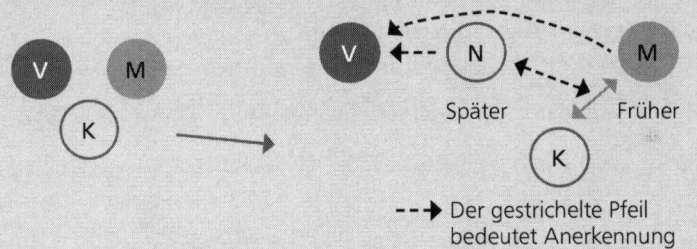
>
> --→ Der gestrichelte Pfeil bedeutet Anerkennung
>
> Beim Kind muss das Gefühl ankommen, dass es für die Mutter wichtiger ist als der neue Mann. Erst dann kann ein neues System mit Mutter, Kind und neuem Mann entstehen, das auf gegenseitiger Wertschätzung beruht. Fühlt sich das Kind von der Mutter oder vom neuen Mann nicht genügend wertgeschätzt, beziehungsweise verliert es die Position des Früheren, so wird das Kind probieren, den neuen Mann auszuschließen.

Gibt es in dem Beispiel einen vergifteten Platz neben der Mutter, so wird das Verhalten des neuen Partners nicht ausreichen, denn die Mutter kann ja selbst nicht das Frühere anerkennen. Der neue Partner bekommt oft die Wut des Kindes ab, obwohl diese Wut durch die Eltern erzeugt wurde. Auch spürt der neue Partner etwas von dem Leid und der Wut des früheren Ehemannes.

Ist kein Patchwork-Partner vorhanden, so übernimmt normalerweise ein Kind diesen vergifteten Platz.

Folgen können sein:

- Missbrauch (in meiner Arbeit mit Klienten kommen viele Fälle vor, egal ob die Tochter vom Vater oder der Sohn von der Mutter missbraucht wurde und der Partner weggeschaut hat),
- Kinder fühlen sich für die Eltern verantwortlich (erlebe ich oft bei Unternehmensnachfolgen in Familienunternehmen, dass die Plätze vertauscht sind),
- Eltern sind nicht Eltern, sondern gleichberechtigt mit den Kindern,
- Kinder können keine eigene feste Paarbeziehung eingehen, da sie gebunden sind (»verheiratet mit der eigenen Mutter/Vater« – dann taucht die Frage bei einem evtl. Partner auf: Wer ist wichtiger – ich oder deine Mutter/...?)
- Kinder erhalten nicht genügend Kräfte – mit allen Folgen.

Elternpaar versus Liebespaar

Können z. B. geschiedene Eltern als Elternpaar agieren, d. h. sie halten die Systemgesetze ein, reden miteinander und es gibt keine verletzten Gefühle und Wut mehr, so reicht dieses für die Weitergabe der Kräfte aus. Sie müssen kein Liebespaar sein. So kann eine Patchwork-Familie gelingen. Sind die Eltern kein Liebespaar und kein Elternpaar mehr, d. h. sie verletzen sich gegenseitig auf der Systemgesetzebene wie Ausschluss, keine Wertschätzung und ist noch Wut vorhanden, so reicht es nicht zur Weitergabe der vollen Kräfte aus.

Mit Hilfe der **Genea-Methode** lassen sich die Kräfte der Ahnen (also die Schwert- und Herzseite) durch eine innere Aufstellungsarbeit aktivieren.

Die **Genea-Methode** habe ich aus meinen Erfahrungen als Aufstellungsleiter für Familien-, Organisations- und Systemaufstellungen entwickelt. Mit der äußeren Familienaufstellung habe ich die Erfahrung gemacht, dass sie nicht weit genug in die Generation zurückgeht, um die ausgeglichen kraftvollen Vorfahrenpaare zu finden, und deshalb häufig abgebrochen wurde. Es stellte sich oft genug heraus, dass die äußere Aufstellung lediglich bis zur Großelterngeneration ging, die Antwort aber in den Generationen davor lag. Das hat zur Folge, dass der Verursacher nicht gefunden wird und die Person nicht wirklich wieder in ihre Lebenskraft kommt.

Und im Übrigen können äußere Aufstellungen mit Stellvertretern die Ökologie (das Ziel: keine negativen Auswirkungen entstehen) nicht sicherstellen: Die Gäste der Familienaufstellung und die Repräsentanten/Stellvertreter der Familienmitglieder gehen wieder nach Hause, ohne dass der Leiter der Aufstellung weiß, welche Themen er/sie mitnimmt oder angestoßen wurden. Hier können negative Auswirkungen auftreten.

Ein weiterer wichtiger Punkt, der für die innere Aufstellung spricht, ist, dass der Klient selbstständig allein damit weiterarbeiten kann und nicht abhängig von Aufstellungsleitern und Stellvertretern ist.

Ohne Coach muss der Klient am besten jeden Tag daran weiterarbeiten, also die starken Paare immer wieder sehen und fühlen, kleinere Themen selbst bearbeiten und nur, wenn es nicht allein weitergeht, ist ein weiteres Coaching nötig. Wie viele Coachings insgesamt nötig sind, ist sehr individuell. Der Schnitt liegt bei sechs Coachings und 2–3 Stunden pro Coaching.

KAPITEL 4: GENEA-METHODE – KRÄFTE DER AHNEN

Dieses Format hat das gleiche Konzept wie die **Empowering-Methode**. Man sucht den Ursprung der »Störung« und geht noch einen Schritt zurück zum Ressourcenraum, also dorthin, wo noch alles gut war bzw. die ausgeglichen starken Vorfahren-PAARE sind. Von dort nimmt man die Ressource und bearbeitet mit ihr die Systemgesetzverletzung mit dem Leid, der Trauer, der Angst und der Wut.

Der Klient macht eine innere Aufstellung und visualisiert innerlich die entsprechenden Personen. Entsprechend zur **Empowering-Methode** betrachtet der Klient die visualisierten Personen von außen, also dissoziiert. Der Klient stellt sich nicht in die Schuhe der visualisierten Person, d. h. assoziiert sich **nicht** mit ihr. Diese Assoziation passiert in der Aufstellungsarbeit mit Stellvertretern, das ist in der inneren Aufstellung jedoch meistens nicht hilfreich. Meine Erfahrung damit zeigt, dass der Klient sich die Bilder nicht ausdenkt, sondern dass das innere Abbild die gleichen unbewussten Informationen hergibt wie eine äußere Aufstellung. Außerdem überprüft der Klient, ob sich die inneren Bilder stimmig anfühlen.

Besonders deutlich wird das, wenn die vorher fehlende oder zu wenig vorhandene Kraft der Schwertseite und die Kraft der Herzseite durch Auflösen von Systemgesetzverletzungen und durch gegenseitige Anerkennung mit dem Vater und der Mutter zum Fließen kommen.

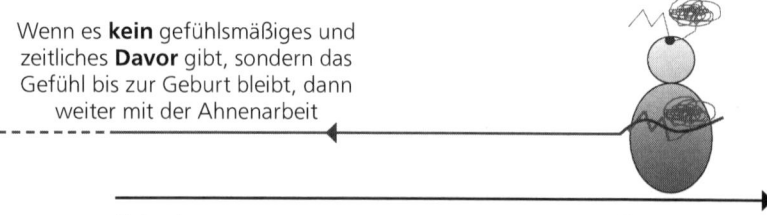

Wenn es **kein** gefühlsmäßiges und zeitliches **Davor** gibt, sondern das Gefühl bis zur Geburt bleibt, dann weiter mit der Ahnenarbeit

Geburt   Gegenwart

Die Eltern stehen in der inneren Vorstellung beide als Paar nebeneinander und hinter ihnen die weitere Ahnenreihe.

In der Arbeit mit Menschen, die bei ihren Adoptiveltern aufgewachsen sind und ihre leiblichen Eltern nicht kennen, kann die **Genea-Methode** trotzdem angewendet werden. Die Kräfte bekommt das Kind von den leiblichen Eltern, auch wenn es von den Adoptiveltern geprägt wurde. Die leiblichen Eltern tauchen beim Adoptivkind vor dem inneren Auge auf.

Genauso kann sich bei dieser Arbeit herausstellen, dass der Vater gar nicht der leibliche Vater ist (Kuckuckskind). Wieso das geht, weiß ich nicht. Eine Erklärung könnte sein, dass das Unbewusste, die Gene und das Basisgefühl dieses Wissen haben und dem Bewussten zur Verfügung stellen.

Sind die Eltern in der inneren Vorstellung ein ausreichend kraftvolles Paar, so spürt der Klient diese Kräfte sehr deutlich im Körper, er richtet sich auf und weitere individuelle Veränderungen sind wahrnehmbar. Diese Kraft führt dann dazu, dass der Klient als Führungskraft oder Elternteil seine Verantwortung übernehmen und Entscheidungen rechtzeitig fällen kann. Außerdem braucht die Führungskraft/Elternteil auch eine gute Verbindung zur mütterlichen Ahnenreihe, damit das Führungsverhalten/Erziehung nicht zu hart wird, sondern auch Beziehungen und Menschlichkeit einen Platz haben.

Warum diese innere Aufstellungsarbeit funktioniert, ist für mich ein Rätsel und nicht erklärbar, sie gelingt jedoch, wie sich immer wieder in der Praxis zeigt.

Entscheidend für das Vorgehen ist, dass die genügend ausgeglichen starken Paare in der Ahnenreihe gefunden werden. Sind die Eltern kein Paar, so lässt sich dort für den Klienten nicht wirklich etwas auflösen. In den meisten Fällen sind es die Großeltern, die vor dem Krieg noch stark waren und einen starken Sohn oder Tochter bekommen haben. Im Krieg kam es dann zu Systemgesetzverletzungen, d. h. Wut und Trauer und Angst sind entstanden, die nicht bearbeitet wurden. Dadurch sind sie unausgeglichen geworden. Hier starten wir dann mit dem Großelternpaar vor dem Krieg.

Oder wenn die Großeltern schon immer kein wirkliches Paar waren, so sind es in den meisten Fällen die Urgroßeltern, die ein starkes Paar sind. Es ist ein intuitives Wissen, wo die starken Paare sind. Unser Denken weiß es nicht unbedingt, z. B. wenn die Person die Urgroßeltern nicht kennt. Dennoch ist sie über das Basisgefühl oder dem Unbewussten mit den Urgroßeltern verbunden.

Es ist wie ein Gefühl des »Einrastens«, wenn die starken Paare gefunden werden. Oder eine innere Sicherheit, ja, da sind sie.

In diesem Format fange ich mit der Vaterseite an. Man könnte jedoch genauso gut mit der Mutterseite anfangen – je nachdem, welche Seite der Klient zuerst möchte oder was mir in Abstimmung mit dem Klienten sinnvoll erscheint. Oder man fragt direkt nach den starken Paaren, wo sie sind.

Hier stehen dem Coach viele Wege offen, entscheidend ist, ab Punkt 8 mit einem ausgeglichenen starken Paar beginnen zu können!

Im Folgenden wird die **Genea-Methode** für den Coach beschrieben, mit welchen Fragen er den Klienten unterstützen kann. Die Methode kann der Leser natürlich auch auf sich selbst anwenden. Die Erfahrung zeigt jedoch, dass eine Unterstützung durch eine externe Person, die die Fragen stellt, hilfreich ist.

Vorgehen Genea-Methode

1. Welche Aufstellungsart?
Beginn: Finden Sie heraus, welche Aufstellungsart für den Klienten die geeignetste ist. Wenn eine innere Aufstellung gewählt wird, so prüfen Sie, ob der Klient gut innere Personen aus einem anderen Kontext (z. B. Arbeitskontext) visualisieren kann. Der Vorteil der inneren Aufstellung ist, dass keine Stellvertreter gebraucht werden, die auch noch ihre eigenen Themen normalerweise mitbrin-

gen. Außerdem kann eine äußere Aufstellung mit Stellvertretern auch unökologisch sein, da der Aufstellungsleiter nicht sicherstellen kann, dass die Stellvertreter oder Zuschauer nicht mit angestoßenen schweren Themen allein nach Hause gehen.

Weiter vorne haben wir gesehen, dass Systemgesetzverletzungen nur dann aufgelöst werden können, wenn der oder die Verursacher die Herz- und Schwertseite haben. Bezogen auf die Vorfahren bedeutet dieses, dass die Eltern ausgeglichen stark sein müssen, damit man als deren Kind Systemgesetzverletzungen auflösen kann. Sind die Eltern nicht stark genug, so geht man zu den Großeltern. Sind sie stark genug, so können Systemgesetzverletzungen der Großeltern zu ihren Kindern aufgelöst werden. Der Vater und die Mutter werden stark und wenn sie dann miteinander Systemgesetzverletzungen auflösen, können sie als starkes Paar nebeneinander stehen. Nun ist die Voraussetzung geschaffen, dass das Kind seine Verletzungen wiederum auflösen kann und die Kräfte der Ahnen erhalten kann.

Es werden nun zwei Wege des Vorgehens vorgestellt, damit die kraftvollen starken Vorfahrenpaare gefunden werden können. Diese sind für die Aufarbeitung von Themen, Systemgesetzverletzungen und Dynamiken sowie für die Kräfte der Ahnen notwendig.

Beim ersten Vorgehen bis Punkt 8 wird beispielsweise nur nach dem Vater gefragt, dann nach dem Großvater usw. bis der starke männliche Vorfahre gefunden wird. Nun kommt die Ehefrau des starken Vorfahren hinzu. Ab Punkt 8 geht es dann mit dem starken Vorfahrenpaar weiter.

Die zweite Variante, die bevorzugt angewendet werden sollte, da sie in den meisten Fällen einfacher ist, fragt gleich nach den jeweiligen Paaren. Sie beginnt nach Punkt 7a.

2a. Wer hat die Kraft? – Hat der Vater die Kraft? Ist er ausgeglichen kraftvoll? Hat er die Schwert- und Herzseite?

Fragen Sie Ihren Klienten: *Können Sie Ihren Vater vor Ihrem inneren Auge sehen?* – falls kein klares Bild auftaucht, reicht ein Erahnen. Und wenn ja: *Was meinen Sie, ist Ihr Vater ausgeglichen kraftvoll + +? Was sagt Ihr Bauch? Ist es stimmig oder unstimmig?*

3a. Großvater?

Wenn nein, so fragen Sie nach dem Großvater. *Bitte lassen Sie Ihren Großvater (den Vater Ihres Vaters) vor Ihrem geistigen Auge erscheinen. Ist er ausgeglichen kraftvoll ++? Ist es stimmig oder unstimmig?*

4a. Urgroßvater?

Wenn nein, so fragen Sie nach dem Urgroßvater. *Bitte lassen Sie Ihren Urgroßvater vor Ihrem geistigen Auge erscheinen. Ist er ausgeglichen kraftvoll ++? Ist es stimmig oder unstimmig?*

Gibt es von dem Urgroßvater kein Bild bzw. kein Foto oder Informationen, so bitten Sie Ihren Klienten:

Wenn kein Bild auftaucht, so wählen Sie einen Platzhalter, eine schemenhafte Figur oder ähnliches, so dass Sie wissen, dass an der Stelle vor Ihrem inneren Auge der Platz für Ihren Urgroßvater ist. Wenn Sie jetzt zu dem Platz Ihres Urgroßvaters hin spüren, hat er die beiden Kräfte (Herz und Schwert)? Ist es stimmig oder unstimmig?

5a. So weit zurück, bis der kraftvolle Ahn gefunden wird

Wenn nein, so lassen Sie Ihren Klienten seine Ahnenreihe soweit zurückgehen, bis ein Vorfahre der väterlichen Reihe die Kraft hat.

Hier können Sie auch fragen: *Sagen Sie mir ganz spontan eine Zahl, die auftaucht.* Zahlen zwischen 4 und 12 sind oft Aussagen über die Generation, vierstellige Zahlen z. B. 1863 sind oft Jahreszahlen. Diese Zahlen können den Klienten dann unterstützen, den Vater seiner Ahnenreihe zu finden, der noch gut verbunden mit seinen eigenen Vorfahren ist.

6a. Der kraftvolle Urahn

Wenn der kraftvolle Urahn (+ +) gefunden wird, so entsteht so etwas wie ein »Einrasten« – da ist er! Es fühlt sich stimmig an. Gleichzeitig ist es normalerweise ein freudiges oder ressourcenvolles Gefühl. Bitte diesen Moment genießen – vom Klienten und vom Coach!

7a. Die Ehefrau dazu holen

Bitten Sie nun Ihren Klienten, die Partnerin/Ehefrau des kraftvollen Urahn auftauchen zu lassen. Normalerweise ist die Ehefrau ebenfalls ausgeglichen kraftvoll (+ +). Wenn ja, so geht es bei 8 weiter. Wenn nein, so holen Sie die Eltern hinter die Ehefrau und lassen ihr die Kraft geben bzw. tanken. Reicht diese nicht aus, so machen Sie bei Schritt 2a weiter, jedoch mit den Vorfahren der Ehefrau des Urahns.

Bevorzugtes alternatives Vorgehen bis Punkt 8:

2b. Wer hat die Kraft? – Haben die Eltern die Kraft?

Fragen Sie Ihren Klienten: *Können Sie Ihre Eltern vor Ihrem inneren Auge sehen?* Falls kein klares Bild auftaucht, reicht ein Erahnen.

Und wenn ja: *Was fühlen Sie, haben Ihre Eltern beide die Herz- und Schwertseite bzw. sind sie ein Paar, was eng zusammen steht? Ist es stimmig oder unstimmig?*

3b. Großeltern?

Wenn nein, so fragen Sie nach den Großeltern. *Bitte lassen Sie Ihre Großeltern vor Ihrem geistigen Auge erscheinen. Zuerst die Großeltern väterlicherseits oder mütterlicherseits? Sind sie ein starkes Paar? Können sie Hand in Hand nebeneinander stehen? Ist es stimmig oder unstimmig?*

4b. Urgroßeltern?

Wenn nein, so fragen Sie nach den Urgroßeltern, z. B. väterlicher- seits. *Bitte lassen Sie Ihre Urgroßeltern vor Ihrem geistigen Auge er- scheinen. Sind sie ein starkes ausgeglichenes Paar?*

Gibt es von den Urgroßeltern kein Bild bzw. kein Foto oder In- formationen, so bitten Sie Ihren Klienten:

Wenn kein Bild auftaucht, so wählen Sie bitte Platzhalter, sche- menhafte Figuren oder ähnliches, so dass Sie wissen, an der Stelle vor Ihrem inneren Auge ist der Platz für Ihre Urgroßeltern. Wenn Sie jetzt zu dem Platz Ihrer Urgroßeltern hin spüren, haben sie die Kräfte und stehen als Paar eng nebeneinander? Ist es stimmig oder unstimmig?

So weit zurück, bis das kraftvolle Ahnenpaar gefunden wird. Dann geht es weiter mit Punkt 8.

8. Paar – Hand in Hand, Arm in Arm?
Haben beide Urahnen nun die Kräfte (Schwert + und Herz +), so können sie ein Paar sein. *Können Sie es sehen? Können sie Hand in Hand da stehen oder sich umarmen?* (Ob sie ein Paar sein können, ist ein Test dafür, dass genügend Kräfte vorhanden sind. Wenn nämlich zu wenige Kräfte vorhanden sind, so können sie nicht als Paar dort stehen, selbst wenn der Klient sagt, sie hätten genügend Kräfte.)

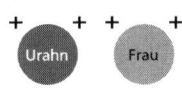

9. Baby auf den beiden Armen der Eltern und Kräfte weitergeben
Lassen Sie nun das Kind zur Welt kommen und beide Eltern sind zusammen und halten gleichzeitig ihr Baby auf den Armen und geben ihm die Liebe, Wärme und Stärke, also die Kräfte. Geht das? Wie sieht das Baby aus? Nehmen Sie sich so viel Zeit, bis das Baby alle Kräfte aufgenommen hat. Ist es stimmig?

Im Folgenden geht es nicht darum, dass der Klient oder seine Vorfahren Ihre Vorschläge irgendwie nachsprechen, sondern vielmehr, ob sie es stimmig sagen können. Oder ob der Klient ein ungutes Gefühl bekommt bzw. die Personen vor seinem inneren Auge dieses nicht wollen oder es unstimmig tun.

10. Gemeinsam älter werden
Lassen Sie nun die Eltern und das Kind gemeinsam älter werden. Das Kind erhält die ganze Zeit die Kräfte und erlebt seine Kindheit und Jugend mit den kraftvollen Eltern neu. Geht das? Das Kind soll sich

mit seinem Rücken vor seine Eltern stellen und sie legen jeweils einen Arm auf seine Schulter oder stützen seinen Rücken und so erhält es auch die Kräfte. Hinter den Eltern steht eine »unendliche« Reihe von kraftvollen Vorfahren – bis zu den Einzellern.

Bleiben die Kräfte beim Kind bis zum Erwachsenen erhalten?
Ja → springen Sie zu Schritt 13
Nein → weiter bei 11

11. Kraftfluss unterbrochen
Bleibt der Kraftfluss erhalten und das Kind (jetzt erwachsen) lernt so seine Ehefrau/Ehemann kennen, dann machen Sie bei Schritt 13 weiter.

Bleiben jedoch die Kräfte nur bis zu einem bestimmten Zeitpunkt erhalten und danach werden sie weniger, so muss hierfür die Ursache gefunden und aufgelöst werden, so dass die Kräfte wieder voll fließen.

Gründe für die Verringerung des Kraftflusses können sein, dass der Vater (die Mutter) früh gestorben oder eine andere Systemgesetzverletzung entstanden ist.

12. Ursachen finden
Es können verschiedene Gründe vorliegen, wieso der Kraftfluss unterbrochen bzw. verringert ist. Hier ist nun ein vorsichtiges Herantasten nötig. (Sehen Sie dazu weiter hinten im Kapitel Dynamiken und Zusatz.)

Ist z. B. der Vater früh gestorben (bevor der Sohn erwachsen war), so ist der Sohn traurig darüber oder sogar wütend, so früh verlassen worden zu sein.

Genauso geht es normalerweise auch der Ehefrau. Mit dem Wissen, dass der Ehemann gestorben ist, **soll er dennoch kraftvoll da stehen** und sich Folgendes anhören.

Die Ehefrau sagt zum Ehemann: »*Ich habe dich vermisst.*« Oder: »*Warum hast du mich so früh verlassen?*« Die Ehefrau soll ihre Trauer dem Mann zeigen und dann noch wütend werden, wenn

Wut vorhanden ist, da sie ab dem Tod alles alleine regeln musste. Kann der Ehemann das Leid anerkennen und die Wut nehmen?

Leid vom Verursacher anerkennen und Wut vom Verursacher nehmen lassen

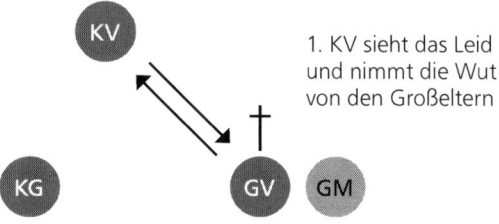

1. KV sieht das Leid und nimmt die Wut von den Großeltern

Gibt es einen Verursacher für den Tod, so sollen die Ehefrau und der tote Ehemann den/die Verursacher dafür finden, z. B. wenn es ein Krieg war, den/die Kriegsverursacher KV wie Hitler oder aber der direkte Verursacher als Person (z. B. der Arzt, wenn er einen Fehler gemacht hat, oder ein Unfallverursacher, der den Tod verursacht hat) soll auftauchen. Hinter dem Verursacher werden nun die Eltern des Verursachers gestellt. Ist nun der Verursacher ausgeglichen kraftvoll genug + +, so soll die verletzte Ehefrau und der tote Ehemann dem Verursacher ihr Leid zeigen. Kann der Verursacher das Leid sehen und anerkennen, dann soll er die Wut vom Toten und von der Ehefrau nehmen.

Ist der Krieg der Verursacher, so kann es komplizierter werden, denn es gibt verschiedene Verursacher, z. B. Hitler oder die Kriegsgegner usw. Viele können sich Hitler nicht stark genug vorstellen, so dass er das Leid sehen und die Wut nehmen kann. Wie es trotzdem gehen kann, beschreibe ich weiter hinten unter Punkt A.

Genauso wie eben beschrieben soll das Kind den Vorgang durchlaufen. Seine Trauer dem Vater zeigen und die Wut an den Verursacher und den Vater herauslassen.

Es kann auch die Reihenfolge (Trauer – Wut) umgedreht werden, je nachdem, was hilft.

Dadurch klärt sich das Verhältnis in der Regel und die Kraft
kann wieder voll fließen.

13. Ehefrau des Sohnes kommt dazu

Lassen Sie nun die Frau des Sohnes (ab jetzt Ehemann genannt)
auftauchen. Solange der Mann nicht ausgeglichen kraftvoll ++ ist,
konnte er kein richtiger Partner sein. Diese Partnerrolle hat dann
oft ein Kind übernommen, weshalb es gebunden ist und auch aus
diesem Grund nicht die neue Kraft vom Vater und der Mutter bekommen kann.

*Was passiert mit den beiden, wenn die Ehefrau ihren Ehemann
mit der gesamten Kraft kennen lernt. Findet sie es gut?*

*Wie viele Kräfte hat die Ehefrau? Ist sie kraftvoll (++)? Ist es
stimmig?*

Wenn ja, dann machen Sie bei Schritt 14 weiter.

Wenn nein, dann holen Sie die Eltern hinter die Ehefrau und lassen Sie ihr die Kraft geben bzw. tanken. Reicht diese nicht aus, so
prüfen Sie, ob eine Kräfteverschiebung vorliegt.

Kräfteverschiebung ausgleichen

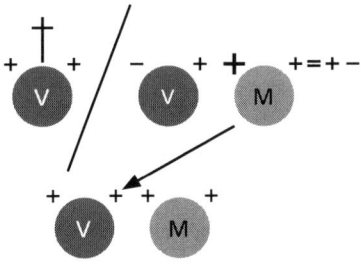

Falls ein Partner stirbt oder generell z. B. zu schwach ist (- +),
so kann es sein, dass der andere
Partner diesen Part übernimmt
und nach außen hin hart wirkt
(z. B. die »Trümmerfrauen«, die
oft + + waren, da jedoch das
Überleben wichtiger als die Wärme und Liebe war, sahen sie nach
außen hin wie + – aus.) Steht nun der Partner mit den beiden Kräften neben dem anderen Partner, so gleicht sich dieses wieder aus.

Die »Trümmerfrau« gibt z. B. Verantwortung an ihren Ehemann ab und wird wieder zu einer ausgeglichenen Frau.

Ob es sich um so eine Verschiebung handelte, lässt sich z. B. daran erkennen, wie diese »Trümmerfrau« als Oma agiert hat. War sie dort mit weniger Überlebensverantwortung ausgeglichen? Wenn ja, so hat sie beide Kräfte.

Reichen diese Schritte nicht aus und die Ehefrau hat nicht genügend Kräfte, so machen Sie bitte bei Schritt 2 weiter, jedoch mit den Vorfahren der Ehefrau.

14. Es tut mir leid
Der Mann sagt jetzt seiner kraftvollen Frau: *»Jetzt bin ich ausgeglichen kraftvoll ++, vorher war ich es nicht genügend – dadurch habe ich dich verletzt, das tut mir leid.«*
Kommt es bei der Ehefrau an?

Wut, Last, Verantwortung zurückgeben bzw. zurücknehmen lassen

Die Ehefrau soll nun ihre Wut für das Erlittene an den Mann herauslassen (falls vorhanden) und der starke Ehemann nimmt es an. Falls noch Trauer bei der Ehefrau vorliegt, so soll sie es ebenfalls dem Ehemann geben und trauern. Falls eine Kräfteverschiebung vorliegt, führen Sie einen Ausgleich durch, d. h. die Verantwortung oder das liebevolle Verhalten wird neu aufgeteilt. Oft zeigt sich dieses ganz spontan beim Klienten, dass das Paar näher zusammenrückt, die Gesichtszüge oder die Haltung sich verändern.

Sind alle Themen geklärt, so stehen sie jetzt normalerweise zusammen und werden ein Paar.

15. Baby auf den beiden Armen der Eltern und Kräfte weitergeben
Lassen Sie nun das Kind zur Welt kommen und beide Eltern sind zusammen und halten gleichzeitig ihr Baby auf den Armen und geben ihm die Liebe, Wärme und Stärke, also die Kräfte. Geht das? Wie

sieht das Baby aus? Nehmen Sie sich so viel Zeit, bis das Baby alle Kräfte aufgenommen hat. Ist es stimmig?

16. Gemeinsam älter werden
Lassen Sie nun die Eltern und das Kind gemeinsam älter werden. Das Kind erhält die ganze Zeit die Kräfte und erlebt seine Kindheit und Jugend mit den kraftvollen Eltern neu. Geht das? Ist es stimmig?

Wir sind ein Paar – das Alte tut uns leid

Lassen Sie nun die Eltern zum Sohn sagen: »*Wir sind jetzt ein Paar, zwischen uns ist kein Platz mehr. Du bist nur unser Sohn und wir sind deine Eltern. Das, was du für mich (Vater und Mutter jeweils einzeln) getragen hast, nehme ich zurück. Und das, was du für uns getragen hast, nehmen wir zurück.*«

Kann der Sohn die Last zurückgeben, so sollen die Eltern die Last dahin verteilen, wohin sie gehört und nur ihren Teil behalten.

Verletzungen zurückgeben

Sind beim Kind noch Wut oder Trauer oder andere verletzte Gefühle vorhanden, so soll es sie herauslassen. Die starken Eltern als Paar werden es annehmen.

Danach soll sich das Kind mit seinem Rücken vor seine Eltern stellen und sie legen jeweils einen Arm auf seine Schulter oder stützen seinen Rücken und so erhält es auch die Kräfte.

17. Alle Generationen durcharbeiten bis zum Klienten

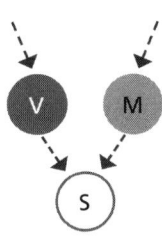

Die Schleife von 11 bis 16 solange durcharbeiten, bis der Klient als Sohn an der Reihe war. Das kann in ein bis zwei Coachings passieren, es kann auch viel länger dauern. Eine Vorhersage über die Dauer ist im Vorhinein nicht möglich.

Erhält der Klient nun die Kräfte der Eltern und wird dadurch ausgeglichen kraftvoll ++, so **muss** es körperlich sichtbar und fühlbar werden. Deshalb beobachten Sie (wie immer) Ihren Klienten genau und fragen ihn, *wo er genau im Körper die Kräfte spürt, wo sie in ihn hineinfließen, wie sich die Kräfte anfühlen usw.*

Die Erfahrung zeigt, dass die Kraft der Herzseite eher mit Wärme umschrieben wird, die Kraft der Schwertseite eher als etwas Aufrichtendes, Stärkendes. Ziel ist es, dass beide Kräfte (Schwert- und Herzseite) sich vermischen und integrieren, so dass es sich ausgeglichen kraftvoll anfühlt.

Bitten Sie Ihren Klienten, sich hinzustellen und auch die Kraft von hinten zu bekommen und zu spüren bzw. sich an seine Ahnen innerlich anzulehnen.

18. Empowering

Der Klient arbeitet seine eigene Vergangenheit auf: *Wie verändert sich Ihre Vergangenheit durch die neuen starken Kräfte, wenn Ihre Eltern ein Paar sind und die Kräfte haben, wie hätten sie sich anders verhalten usw.?* Empowering/Neuprägung mit der stärksten Ressource: Kräfte der Ahnen, der Klient bearbeitet seine eigene Partnerschaft (s. 10.) und gibt die Kraft an seine Kinder weiter (11. u. 12.)

Der Klient macht eine Reise in die Zukunft und erlebt eine vorher schwierige Situation mit den neuen Kräften

Folgendes Vorgehen ist **zwingend** nötig, damit die Kräfte der Ahnen nachhaltig vorhanden sind. Dazu eine Auflistung der Aufgaben:
- Empowering/Neuprägung
- eigene Partnerschaften klären
- Kräfte der Ahnen auf die eigenen Kinder anwenden
- Reise in die Zukunft mit den Kräften
- Tägliche Aufgaben zum Stabilisieren
- Auftretende Dynamiken mit der **Genea-Methode** bearbeiten

Die täglichen Aufgaben zum Stabilisieren sind sehr wichtig. Genauso wie wir normalerweise täglich die Zähne putzen oder eine erlernte Sprache weiter aktiv pflegen müssen, damit sie nicht wieder in Vergessenheit gerät, so ist es auch in Bezug auf unsere Ahnen. In vielen alten und auch aktuellen Kulturen gibt es einen Ahnenkult bzw. werden die Verstorbenen in Gebeten oder Feiern berücksichtigt.

Werden die ausreichend kraftvollen Ahnen nicht mehr gesehen, so wirkt es sich über kurz oder lang wie ein Ausschluss aus und der Klient wird wieder in alte Muster fallen. Wenn ein Sportler keinen Sport mehr treibt, werden sich seine Muskeln genauso zurückbilden. Wer sich gar nicht mehr bewegt, wird nach einer bestimmten Zeit nicht mehr laufen können, sondern muss es neu lernen, damit sich die Muskeln wieder aufbauen.

Tägliche Aufgaben zum Stabilisieren

- Inneres Bild der ausreichend kraftvollen Ahnen (immer als Paare) holen/sehen/spüren und Kräfte spüren (bei den ressourcenvollen Vorfahren z. B. Urgroßeltern als Paar beginnen)
- Damit aktuell entstehende Wut zu den Vorfahren und den Verursachern z. B. Externe wie Kriegsverursacher, Ärzte, Unfallverursacher, Arbeitgeber usw. abfließen kann, ein inneres Bild der ausreichend kraftvollen Vorfahrenpaare und den jeweiligen Verursachern sehen.

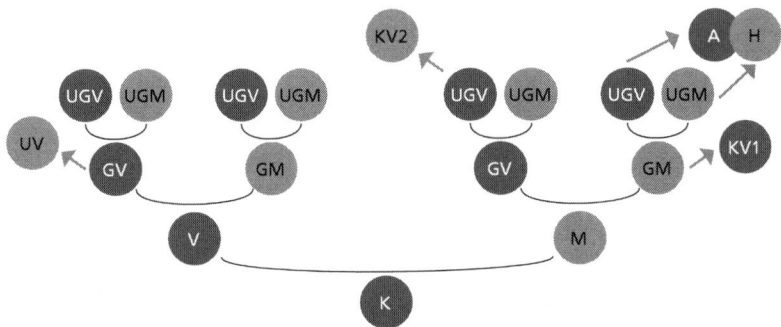

KV 1 UND KV2: Kriegsverursacher 1 und 2
UV: Unfallverursacher
A: Arzt
H: Hebamme

- Danach Empowering/Neuprägung mit den Kräften z. B. Glaubenssätze verändern usw.
- Erlaubnis z. B. »es darf mir gut gehen« – wiederholen
- Nicht über die Vergangenheit (das Alte) sprechen, es zieht uns ins Alte, d. h. die Kräfte werden weniger.
- Auf die Körperhaltung achten – wenn sie unsymmetrisch oder eingefallen ist, dann Kräfte tanken.
- Wenn das Kräfte tanken schwierig wird bzw. die genügend kraftvollen Vorfahrenpaare nicht mehr ausreichend gesehen werden können, so liegt es meistens daran, dass neue Dynamiken auftauchen, die bearbeitet werden wollen → Bitte mit der **Genea-Methode** bearbeiten oder sich beim Coach melden! Siehe dazu das Kapitel Dynamiken.

Beispiele für Fragen und Vorgehen – Kräfte der Ahnen

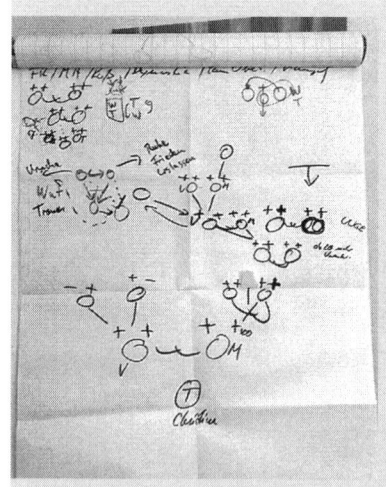

1. Beispiel

Hier geht es um die Kräfte auf der mütterlichen Linie. Möglich ist z. B. die Eingangsfrage:

»Kannst Du Deine Mutter als Kind sehen (ähnlich wie: Wann war es noch gut?) Gab es einen Zeitpunkt, an dem sie alle Kräfte (+/+) hatte?«

»Wenn nicht, dann gehe auf der mütterlichen Linie bis zu der Frau, die 100 % Kräfte hat.«

Wenn der Coachee (KlientIn) diese Frau gefunden hat, dann lassen Sie ihn die andere Seite (Mann) dazu holen.

Nun wird die Tochter des Paares geboren. »Können die Eltern das Baby als Paar beide gleichzeitig auf den Arm nehmen? Kann die väterliche und mütterliche Kraft auf das Kind überfließen; entsteht Urvertrauen?«

»Bis wann ist die Kraft der Tochter da? Ab wann verändert sich etwas?« (hier: ab 20, da trägt sie mehr Verantwortung)

»Hole jetzt den Partner dazu. Wie sind seine Kräfte?« (hier +/-)
Lassen Sie den Coachee die Linie des Vaters hochgehen. (Der Coachee fühlt, dass zwar Kräfte bei den Eltern sind, aber etwas ist da, ein Knacks, ein Druck, es ist etwas passiert!)

»Lass die Eltern und den Sohn älter werden, wann passiert etwas?«
...

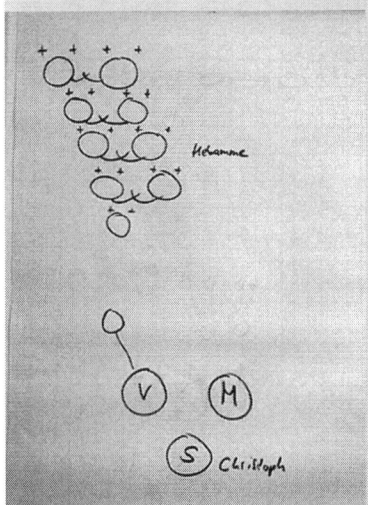

2. Beispiel

Manchmal hat der Coachee ein klares Gefühl zu seinen Ahnen; es kann beispielsweise sein, dass er/sie spürt, dass die kraftvollen Vorfahrenpaare auf der Zeitlinie sehr weit »hinten« liegen und er gleich dort beginnen möchte. Das ist in Ordnung; Sie müssen also nicht zwangsläufig in der zeitnächsten Generation beginnen.

Sieht der Coachee ein Paar, das beide Kräfte hat (so wie hier bezogen auf die väterliche Linie), dann leiten Sie ihn an, den Sohn/die Tochter auftauchen zu lassen, und lassen Sie den Coachee erspüren, was dann passiert ist.

Mögliche Fragen und Anleitungsschritte:

»Lass innerlich den Sohn erscheinen bei der Zeugung oder der Geburt. Bleiben die Eltern ein Paar, auch während das Baby im Bauch heranwächst?« (hier ja)

»Als der Junge auf die Welt gekommen ist: Können beide Eltern gemeinsam/gleichzeitig das Baby auf dem Arm halten? Können Sie die Last/Verantwortung gemeinsam tragen?« (hier nicht)

»Kann der Mann das Baby allein auf den Arm nehmen? Kann die Frau das Baby allein auf den Arm nehmen?« (Kann der Coachee hier nicht sehen: Die Frau reicht das Baby an den Mann.)

»Was sagt die Mutter? Wie fühlt sich die Mutter?« (»Ich muss gehen«, die Mutter stirbt.)

»Was sagt der Vater?«

»Was fühlt der Vater? Welche Gefühle kommen hoch (Trauer, Wut,…)?«

(Hier: Ärger und Wut, weil er die Zeit nicht genutzt hat, hätte der Frau gern noch vieles gesagt und fühlt sich überfordert und allein.)

»Kann die Frau das Leid beim Ehemann sehen?«
(Ja und es kommt beim Ehemann an.)

»Kann die Ehefrau die Wut vom Ehemann nehmen, die zu ihr gehört?«
(Geht auch.)

Wichtig ist, dass die tote Mutter in der **Genea-Methode** vor dem inneren Auge lebendig gesehen wird und wie eine lebendige Person mit Gefühlen behandelt wird.

»Gibt es jemanden, der mitverantwortlich ist für den Tod der Mutter?« (Hier ist die Hebamme die Verursacherin.)

»Kann die Hebamme mit ihren Eltern hinter sich das Leid bei der toten Mutter und beim Vater sehen? Und kommt es bei beiden an?« (Ja)

»Kann die Hebamme mit ihren Eltern hinter sich die Wut der toten Mutter und des Vaters nehmen?« (Ja)

Achten Sie darauf, dass die Wut, die der Vater evtl. auf sich, seine tote Frau oder auf das Kind hat, auf die Hebamme (Verursacher) umgelenkt wird und nicht bei sich, der Mutter oder dem Kind bleibt!

Wichtig ist generell, dass erst die Gefühle der Eltern bearbeitet werden, damit sie die Kraft wiederbekommen, hinter den Kindern zu stehen!

Sie müssen darauf achten, dass die Wut umgelenkt wird auf den Verursacher! Erst wenn der Vater und die Mutter (Eltern) ihre Gefühle gelebt haben und der Coachee diese innerlich auf den Verursacher umleiten konnte, gehen Sie zum Kind.

»Welche Gefühle kommen bei der toten Mutter hoch? (z. B. Wut auf den Mann wegen versäumter Zeit) Lass sie auch diese Gefühle ausleben.«

»Kann der Mann diese Wut aushalten?«

»Können sie die verpasste Zeit nachholen? Lass sie die neue Zeit genießen.«

Nehmen Sie sich für alle Gefühlszustände genügend Zeit. Lassen Sie die Ahnen und den Coachee Veränderungen und neue Zustände genießen, da diese ein Schritt zu neuer Kraft sind. Wenn es nicht weitergeht, ist noch Wut/Trauer blockiert!

»Welche Gefühle sind beim Kind?« (z. B. Wut auf die Mutter, dass sie es allein gelassen hat; Trauer, dass es die Mutter nicht kennen lernen wird.)

»Lass das Kind trauern, bis ein neuer Gefühlszustand entsteht usw.« (dann z. B. Wut)

>>Kann die Mutter die Wut nehmen/aushalten? Steht die Mutter kraft-
voll da?<<

>>Stehen die Eltern (also der Mann mit der verstorbenen Frau) zusammen
als Paar?<<

>>Der Sohn wird nun geboren. Kann er jetzt Kraft bekommen? Lass den
Jungen ruhig langsam älter werden, bis er alle Kräfte bekommen hat, die
er braucht (+/+). Lass die Eltern/Ahnen ihre Hand auf die Schulter des
Sohnes legen, bis er es nicht mehr benötigt.<<
...

Hier folgt nun eine Liste von **Punkt A bis Punkt Q von möglichen
Ursachen für Systemgesetzverletzungen** und wie sie in der Genea-
Methode genutzt werden können.

Zusatz Punkt A – Punkt Q – Kräfte der Ahnen bekommen

A. Eingefrorene Energie oder Kräfte – Wut als Hinweisgeber

Sind die Eltern beide kraftvoll (+ +) (+ +) und stehen als Paar nebeneinander, so bekommt das Baby schon bei der Geburt alle Kräfte bzw. Lebensenergien.

Durch verschiedene Ereignisse wie Tod eines Elternteils oder andere Dynamiken, die eine Systemgesetzverletzung darstellen, kann
es zum Einfrieren der Kräfte/Energien kommen.

Nach außen hin sieht diese Person, die viel eingefrorene Energie
hat, geschwächt aus (- -) oder (+ -) oder (- +).

Hinter jeder Systemgesetzverletzung stecken Leid und Wut. Die
Wut hilft, den oder die Verursacher des Leids und der Wut zu finden, damit der Verursacher dann das Leid anerkennen und die Wut
nehmen kann.

Wut kann nur vom ausgeglichen kraftvollen Verursacher des Leides genommen werden. »Ich nehme den Anteil der Wut, für den ich verantwortlich bin.«

Jedoch muss der Verursacher vorher das erzeugte Leid beim Verletzten anerkennen.

Dazu muss der Verletzte zuerst das Leid und den Schmerz zeigen, so dass der Verursacher die Möglichkeit hat, dieses Leid anerkennen zu können.

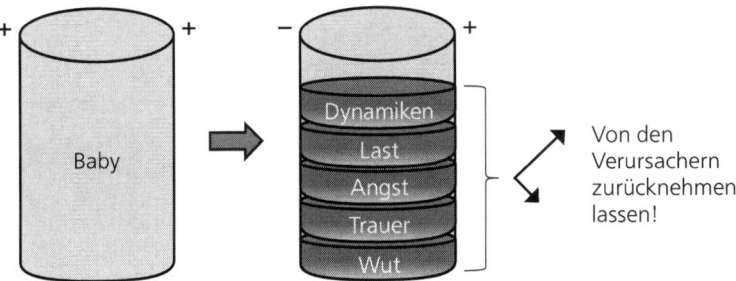

Gedeckelte Wut wie Trauer, Angst, Ohnmacht umwandeln in Wut

Wut ist nicht ausgelebte Aggression. Wörter wie Ohnmacht, Schuld, Last, Trauer, Schämen, Verletzung, Angst … können für aufgestaute oder gedeckelte Wut stehen.

Deshalb ist es hilfreich, die Person aufzufordern, Gefühle wie Ohnmacht, Schuld, Angst, Trauer oder Schämen in Wut umzuwandeln und von den Verursachern zurücknehmen zu lassen.

Wird nun diese Wut von der jeweiligen Person, die als Verursacher der Wut bzw. der Verletzung angesehen wird, zurückgenommen, so wird diese Wut bzw. die eingefrorene oder blockierte Energie wieder flüssig und steht somit der Person wieder zur Verfügung.

Trauer versus Traurig-Sein

Um Wut zu deckeln, also nicht auszuleben bzw. ausleben zu können, gehen oft Menschen in die Trauer. Sie trauern und trauern und es ändert sich nicht wirklich etwas an dieser Trauer. In diesem Fall geht es darum, dass der Verursacher die Wut über diese Trauer zurücknimmt. (Die Person, die trauert, sagt dann: »Ich bin wütend darüber, so eine Trauer zu haben.«) Löst sich dadurch ein Teil der Wut, so entsteht ein neues Gefühl, dass des Traurig-Seins. Es fühlt sich ruhiger an. Beide Personen können dann traurig sein, zusammen weinen oder gemeinsam sagen: »Schade«. Dieses Traurig-Sein mit der anderen Person löst sich dann auf und es entsteht ein anderes Gefühl wie Erleichterung, Erschöpfung oder auch Wut. Deshalb unterscheide ich zwischen »Trauer« (die sich nicht auflöst) und »Traurig-Sein«.

Angst versus Ängstlich-Sein

Angst kommt auch als verdeckte Wut vor, um die Wut zu deckeln. Hier ist das Vorgehen genauso. Die Wut über diese Angst muss von den Verursachern zurückgenommen werden. Dann löst sich entweder die Angst ganz auf oder die Angst verwandelt sich in Ängstlich-Sein.

Zur Auflösung von Leid und Wut werden die Verursacher gebraucht, die für jede Person andere sein können. Es ist rein subjektiv, ob für die eine Person beispielsweise Hitler als Kriegsverursacher gilt. Für den anderen ist es nicht Hitler, sondern Hindenburg, der erst Hitler an die Macht ließ usw. Es gibt keine objektive Wahrheit, die zum Auflösen auch nicht gebraucht wird. Es reicht das subjektive **stimmige** Gefühl der Person, welche die Ahnenarbeit durchführt.

Wichtig: Wer als Verursacher gilt, ist subjektiv.

Ebenfalls ist es wichtig, nicht von Schuldigen, sondern von Verursachern, Mitverursachern und Verantwortlichen zu sprechen. Es geht hier nicht um Schuld oder Schuldunfähigkeit. Dazu folgendes Zitat aus meinem Buch »Coachen und Führen mit System«:

»Schuld« ist nach meiner Meinung eine Erfindung von Menschen, um eigene und politische Interessen oder Macht durchzusetzen. In der Natur, im Tier- und Pflanzenreich gibt es keine Schuld. Es gibt dort Handlungen, Ereignisse und Verantwortung und daraus entstehende Konsequenzen.

Es geht nicht darum, wie in der Rechtsprechung über Schuldunfähigkeit zu sprechen, oder dass die »Opfer« selbst »mitschuldig« sind.

Das Ziel ist es, dass jeder seine Verantwortung übernimmt und für die Konsequenzen aufkommt. Also das entstandene Leiden sieht und anerkennt und Ausgleich für eine Tat herstellt, indem er die Wut für das entstandene Leid nimmt.

Beispiele für Verursacher

Unfallverursacher

Kommt ein Vorfahre durch einen Unfall ums Leben, so ist es normalerweise leicht, diesen Verursacher in der Arbeit mit den Ahnen innerlich ausfindig zu machen.

Arzt/Hebamme

Stirbt ein Mensch an einer Krankheit oder stirbt ein Baby oder Mutter bei oder nach der Geburt, so ist die Frage, ob es einen Verursacher wie einen Arzt oder eine Hebamme gibt. Wenn ja, so wird dieser/diese als Verursacher genommen.

Äußere Umstände

Stirbt ein Baby oder eine Mutter bei oder nach der Geburt oder als Kleinkind an einer Krankheit und die äußeren Gegebenheiten wie Armut, Hunger oder fehlende hygienische Möglichkeiten sind ursächlich dafür, so ist hier die Frage, wer hierfür verantwortlich ist. War es der Krieg, der für diese Umstände verantwortlich ist, so wird der Kriegsverursacher gebraucht. War es ein König, Großgrundbesitzer oder Arbeitgeber, der dafür verantwortlich ist, so wird dieser als Verursacher genommen. Oder liegt es bei dem eigenen Vorfahren, z. B. wenn der Vater sein Geld verspielt hat, so ist er der Verursacher.

Wut zwischen Eltern

Stirbt ein Kind, weil ein Elternteil nicht genügend aufgepasst hat, so geht es darum, dass der Elternteil die Verantwortung dafür übernimmt, das Leid beim anderen Elternteil sieht und dessen Wut nimmt. Danach können beide erst traurig sein. Sind beide verantwortlich, beispielsweise weil sie ein Kind gezeugt hatten, ohne dass sie es wollten, so wird abwechselnd zwischen dem Elternpaar das Leid gesehen und die Wut genommen. Dann wird die Wut von dem Kind genommen, denn oft wird das Kind abgelehnt und die Eltern sind wütend auf das Kind. Ist beim Kind noch Leid und Wut entstanden durch die Ablehnung, so wird dieses Leid anerkannt und die Wut darüber von den Eltern als Verantwortliche zurückgenommen.

Kriegsverursacher wie Hitler

Ist beispielsweise der Zweite Weltkrieg für Leid und Wut sowie Tod bei den Großeltern verantwortlich, so wird der Kriegsverursacher bzw. die Kriegsverursacher benötigt. Für viele ist Hitler der Kriegsverursacher, der aber oft die Voraussetzung, dass er das Leid sehen und die Wut nehmen kann, nicht erfüllt.

Hilfreich ist hier das Wissen, dass Hitler im Ersten Weltkrieg an der Front gekämpft hat, selbst durch einen Granatsplitter am linken Oberschenkel verletzt wurde und zum Ende des Weltkrieges einen Giftgasangriff überlebt hat, woran er kurzzeitig erblindet war. Er weiß also aus eigener Erfahrung, was Leid bedeutet. Volker Ullrich schreibt in seinem Buch: Adolf Hitler. Biographie (2013), Bd. 1: Die Jahre des Aufstiegs 1889 – 1939 im Kapitel »Das Schlüsselerlebnis des Krieges« (1914–1918) darüber. Hitler hat über seinen ersten Fronteinsatz einen Brief geschrieben, der dort auf Seite 69 ff. zitiert wird. Hitler: »…Links liegen einige Gehöfte die sind jetzt noch besetzt und wir bekom(m)en furchtbares Feuer. Einer nach dem Anderen bricht von uns zusam(m)en (…) 4mal dringen wir vor und müssen wieder zurück, von meinem ganzen Haufen bleibt nur einer übrig außer mir, endlich fällt auch der. Mir reißt ein Schuß den ganzen rechten Rockärmel herunter aber wie durch ein Wunder bleibe ich gesund und heil (…) 3 Tage kämpfen wir so bis endlich am 3ten die Engländer geworfen wurden. (…) In 4 Tagen war unser Regiment von 31/2 tausend Mann auf 600 zusam(m)engeschmolzen.«

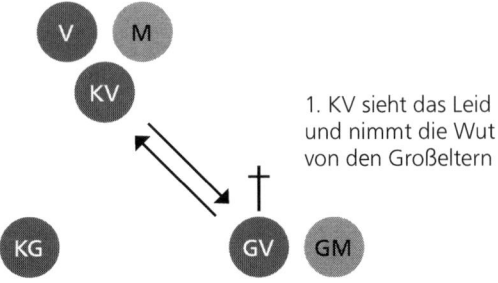

1. KV sieht das Leid und nimmt die Wut von den Großeltern

Konkret ist nun das Vorgehen, dass Hitler mit Hitlers Eltern hinter sich zum Ort der Leidentstehung geht und dort als jüngerer Mann (nicht Hitler 1945) das Leid direkt mit ansieht, was durch ihn als Kriegsverursacher entstanden ist. Ist es nun möglich, dass Hitler und seine Eltern das Leid sehen können, so kann er auch die Wut, die aus dem durch ihn entstandenen Leid resultiert, nehmen.

Kriegsgegner

Sind noch Kriegsgegner beispielsweise für die Bombardierung von Dresden mitverantwortlich, so führt man noch zwei weitere Schritte durch. Der erste Schritt ist oben beschrieben, d. h. der Kriegsverursacher sieht das Leid und nimmt die Wut von den Großeltern.

Der zweite Schritt ist, dass der Kriegsverursacher das Leid bei den Kriegsgegnern KG sieht und deren Wut nimmt.

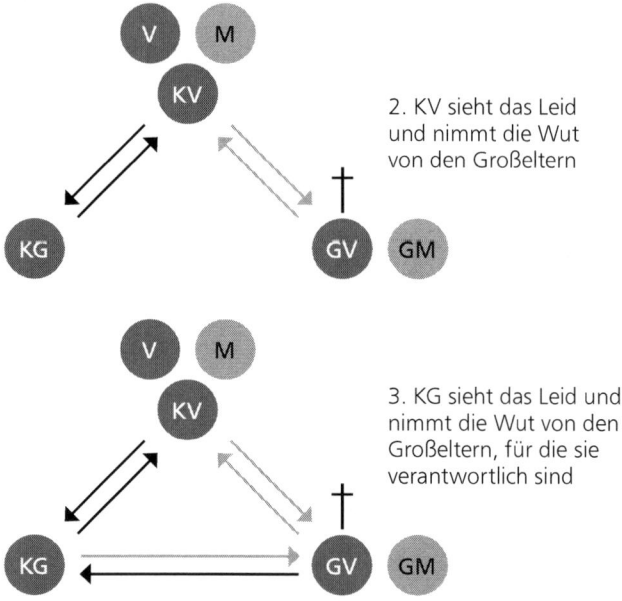

2. KV sieht das Leid und nimmt die Wut von den Großeltern

3. KG sieht das Leid und nimmt die Wut von den Großeltern, für die sie verantwortlich sind

Erst dann kann der dritte Schritt durchgeführt werden. Jetzt kann der Kriegsgegner das Leid bei den Großeltern sehen und den Teil der Wut nehmen, für den er verantwortlich ist. Auch gibt der Kriegsgegner einen Teil der Wut wieder weiter zum Kriegsverursacher.

Dann erst kann der Großvater das Leid bei seiner Frau sehen und ihre Wut nehmen. Anschließend können sie gemeinsam traurig sein und wieder ein kraftvolles Paar werden.

Mehrere Verursacher – gestapelte Wut

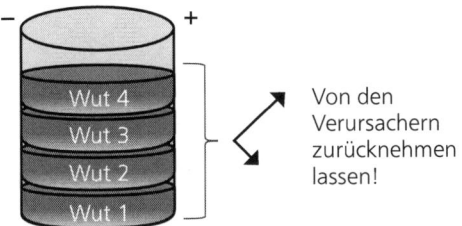

Da zum Abbauen von Wut immer der Verursacher zum Nehmen der Wut gebraucht wird, kann die Wut auch als Hilfsmittel genutzt werden, um die Verursacher zu finden. Kann ein Verursacher einen Teil der Wut nehmen und beim Verletzten bleibt noch Wut zurück, so gibt es noch weitere Verursacher, die gefunden werden müssen.

Wie im obigen Beispiel »Kriegsgegner« gehört ein Teil der Wut der Großmutter zum Kriegsverursacher, ein Teil der Wut zum Kriegsgegner und ein Teil zum Großvater, der sie allein gelassen hat.

Beispiel: Getrenntes Ehepaar

Ist nach erfolgter Ahnenarbeit der eine Ehepartner ausgeglichen kraftvoll und er erkennt, welchen Anteil er für die Trennung und für das Leid, die Trauer und die Wut beim Ehepartner trägt, so kann er diesen Anteil der Wut vom Ehepartner nehmen. Ist er noch wütend auf den Ehepartner, so gehört ein Teil dieser Wut nicht zum Ehepartner, sondern zu den eigenen Vorfahren, da sie und er Mitverursacher der Trennung sind.

Zeitgeschichtliche Verursacher

Geht es um Könige und die Kirche/Religionen, die Kriege und Leid erzeugt haben, so müssen auch hier die Verursacher gefunden werden. Dabei ist es hilfreich, die Geschichte mit zu berücksichtigen.

Wer könnte geschichtlich Mitverursacher für den Zweiten Weltkrieg sein? Beispielsweise als Ereignis der Erste Weltkrieg (und

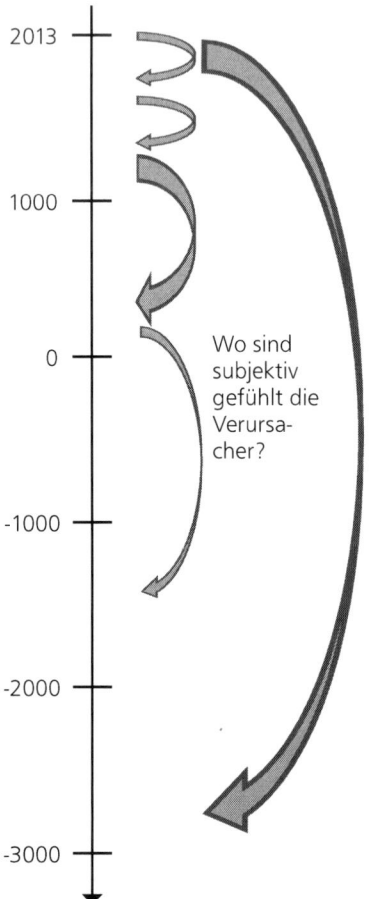

deren Verursacher wie Kaiser Wilhelm II.? u. a.) und das Ende des Ersten Weltkrieges (die Alliierten?). Und davor? Bismarck? Kaiser und Könige? Und davor?

Hier kann immer weiter gegangen werden, bis subjektiv alle Mitverursacher gefunden werden. Objektiv können historisch gesehen die Tatsachen nicht richtig beurteilt werden. Die Verursacher bzw. Mitverursacher haben hier auch einen stellvertretenden Charakter. Es ist dann nötig, nach weiteren Mitverursachern zu suchen, wenn sich die Wut bzw. das Leid nicht genügend auflöst.

Wer sind die Verursacher für die Judenverfolgung, Hexenverbrennung, Frauenunterdrückung und religiösen Fundamentalismus? Bezogen auf das Dritte Reich natürlich die, die die Juden umgebracht haben. Es gab jedoch seit ca. 2000 Jahren durch die Entstehung des Christentums eine Rivalität zum Judentum, die sich durch die Jahrhunderte zog und dort schon zur Judenverfolgung und Hexenverfolgung geführt hat. Rudolf Krämer-Badoni beschreibt in seinem Buch »Judenmord, Frauenmord, Heilige Kirche« (1992) diesen geschichtlichen Zusammenhang und nennt verschiedene Mitverursacher.

Auch sind unsere drei monotheistischen Religionen auf Ausschluss der Andersgläubigen aufgebaut, was dem Systemgesetz 1 widerspricht. Rudolf Krämer-Badoni beschreibt in seinem letzten Buch: »Leben, Lieben, Sterben ohne Gott« (1993) »die logischen Konsequenzen totalitärer Religionen: Christentum, Islam und Jahwekult schlachteten zu Ehren ihres Gottes die Abtrünnigen. Sobald sie keine weltliche Macht mehr besitzen, müssen sie sich heute mit der Androhung ewiger Verdammnis begnügen ...« (zitiert aus dem Klappentext).

Wer ist also Mitverursacher dieser Religionen? Dazu gehen wir zeitlich ca. 5000 Jahre zurück zum Matriarchat, als es noch keine monotheistischen Religionen gab. Als sich dann das Patriarchat entwickelte, wurde der Nährboden für Religionen, Königtümer und Frauenfeindlichkeit gelegt. Ausführlich wird diese Entwicklung vom Matriarchat bis heute in dem Buch: »Vom Urpatriarchat zum globalen Crash?« von Bernd Hercksen (2010) beschrieben. Hier sind dann die Mitverursacher für die Entstehung des Patriarchats zu suchen.

Zu viel Wut macht »blind« – zuerst diese Wut abbauen

Wenn zu viel Wut beim Klienten vorhanden ist und die Ahnenreihe im Nebel liegt oder nicht auftauchen will, so kann es sein, dass diese Wut die Arbeit blockiert, da sie sich auf einen Familienangehörigen richtet.

Beispiel: Großvater ein Nazi

Der Großvater war ein Nazi und mitverantwortlich für den Tod von Menschen. Oft wird beim Klienten (z. B. Enkelkind) nicht darüber gesprochen. Es kann sogar sein, dass keine Wut auf den Großvater da ist, sondern nur Ablehnung oder Gefühlsleere. Diese Ablehnung oder Wut verhindert, dass hinter dem Großvater die Urgroßeltern gefühlsmäßig auftauchen können.

Hier gilt es, mit dem Klienten Wege zu finden, die Wut dem Verursacher zu geben. Wie ist es dazu gekommen, dass der Großvater Nazi wurde? Wurde er manipuliert? Hatte er eine Wahl oder war es Zwang? Wer war letztendlich der Verursacher dafür?

Solange suchen lassen, bis dem Klienten klar wird, dass der Großvater nicht die alleinige Verantwortung für sein damaliges Handeln trägt. Dadurch lässt sich dann die Wut aufspalten – ein Teil geht zu den Verursachern – ein anderer Teil zum Großvater.

Hierdurch wird nur ein Teil der Wut abgebaut, trotzdem können die Urgroßeltern innerlich auftauchen. Dann können Sie wie oben beschrieben mit der Ahnenarbeit fortfahren.

Da durch den Großvater Menschen umgekommen sind, muss auch dieser Ausschluss aufgearbeitet werden. Dieses Vorgehen wird im folgenden Punkt D beschrieben.

Die restliche Wut lässt sich erst dann abarbeiten, wenn alle starken Paare gefühlt hinter oder vor dem Klienten stehen, d. h. der Großvater stark ist und neben seiner Frau steht.

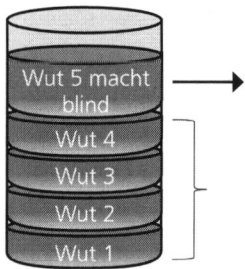

Die Wut 5 zuerst kurzfristig abbauen, indem die Wut z. B. an ein Symbol für den Krieg gegeben wird, oder körperliche Wut durch das Schlagen auf einen Boxsack herausgelassen wird.
Hier wird nicht die Wut genommen, sondern es geht darum, den Anteil der Wut für eine kurze Zeit loszuwerden, damit die Blindheit aufhört und weitergearbeitet werden kann.

Verursacher nicht sichtbar!
Deshalb kann die Wut 1–4
nicht genommen werden.

Probieren Sie deshalb, diese Wut an den Verursacher herauszulassen, meistens ist er außerhalb des Familiensystems zu finden, z. B. Krieg! Danach geht es normalerweise mit der oben beschriebenen Arbeit weiter.

»Schleifen drehen« – ein Teil der Wut wird genommen, ein Teil der Kräfte fließt usw.

Schleifen drehen heißt: erst einen Teil der Wut zurückgeben, dann Kräfte von den Ahnen tanken – danach noch mehr Wut zurückgeben – wieder Kräfte tanken usw.

Drei Voraussetzungen zum Auflösen von Systemgesetzverletzungen müssen gewährleistet sein, d. h. auch zum Nehmen der Wut müssen sie erfüllt sein. Der Verursacher ist bekannt, d. h. auch ein Zustand, in dem es mal gut war, wird bewusst. Der Verursacher und die verletzte Person müssen stark genug sein. Ist zu viel Wut da und ist die verletzte Person nicht stark genug, dann kann sie nicht alle Wut loslassen. Deshalb wird zuerst ein Teil der Wut zurückgenommen, dann fließen die Kräfte der Ahnen zur Person, wodurch sie stärker wird. Im nächsten Schritt wird dann noch mehr Wut zurückgegeben und noch mehr Kräfte getankt, um dadurch noch stärker zu werden. Dieser Vorgang wird solange wiederholt, bis alle Wut sich aufgelöst hat und die Person kraftvoll + + ist.

Anwendungsbeispiele sind, wenn es beim Kind durch die Eltern zum Missbrauch gekommen ist oder das Kind von den Eltern allein gelassen wurde oder zur Adoption weggegeben wurde.

Nur den Teil der Wut nehmen, für den der Verursacher verantwortlich ist

Ein Verursacher kann nur den Teil der Wut nehmen, für den er verantwortlich ist. Will er mehr nehmen oder soll er mehr oder alle Wut vom Verletzten nehmen, so ist es zu viel und der ganze Prozess stockt hier. Wichtig ist zu wissen, dass nur die Dosis an Wut zurückgenommen werden kann, für die der Verursacher verantwortlich ist, und nicht mehr. Objektiv weiß man nicht, für wie viel Wut der Verursacher verantwortlich ist. Sind die vier oben genannten Kriterien zum Auflösen von Systemgesetzverletzungen vorhanden, dann spürt der Klient körperlich/gefühlsmäßig, wie sich die Wut auflöst bzw. noch etwas übrig bleibt. Nimmt der Verursacher seinen Teil der Wut und es bleibt noch Wut beim Verletzten zurück, dann muss nach weiteren Verursachern gesucht werden. Genauso ist es, wenn Systemgesetzverletzungen zwischen zwei Personen aufgelöst werden. Da kann auch nur die Wut für jede einzelne Verletzung zurückgenommen werden (Schritt für Schritt) und nicht die ganze Wut auf einmal.

B. Nicht wütend werden dürfen

Für einige Menschen ist Wut ein Schatten, d. h. sie denken, dass sie nicht wütend werden dürfen. Ist in der inneren Aufstellung wütend zu werden notwendig, so muss hier z. B. erst die Potenzialarbeit (s. Kapitel 6: **Empowering** – Potenzialarbeit) durchgeführt werden – damit der Klient es dann darf!

1. Die Person, auf die sich die Wut richtet, muss so stark sein, dass sie die Wut aushalten und zurücknehmen kann!
2. Der Klient muss die Person, auf die sich die Wut richtet, vor seinem geistigen Auge visualisieren können.

Ist ein Elternteil oder ein Freund gestorben, so entsteht Trauer, evtl. auch Angst und Wut. Dieses Gefühl der Wut wird oft aufgrund von moralischen Vorstellungen nicht zugelassen, denn wer darf schon wütend auf einen Verstorbenen sein? Oder die Person fühlt sich egoistisch, wenn sie wütend auf den Verstorbenen ist. Dann wird oft die Wut unterdrückt und in Trauer umgewandelt bzw. der Körper muss diese Wut zurückhalten. Hier geht es darum, diese Wut anzuerkennen und dem Verstorbenen seine Wut innerlich zu zeigen. Normalerweise kann der Verstorbene diese Wut anerkennen und zurücknehmen.

C. Elternteil gestorben, trotzdem steht er kraftvoll da! – Ausschluss aufgehoben

Ist z. B. der Vater früh gestorben (bevor der Sohn erwachsen ist), so ist der Sohn traurig darüber oder sogar wütend, so früh verlassen worden zu sein.

Genauso geht es meistens auch der Ehefrau. Mit dem Wissen, dass der Ehemann gestorben ist, **soll er dennoch vor dem inneren Auge kraftvoll da stehen (Ausschluss wird zu Zugehörigkeit).**

Wichtig: Tote Vorfahren, die nicht innerlich gesehen werden, wirken wie ausgeschlossene Personen, d. h. es liegt eine Systemgesetzverletzung mit allen Folgen vor. Deshalb ist es wichtig, den toten Vorfahren am besten als starken, lebendigen und jüngeren Menschen zu sehen, der voller Lebensenergie steckt. Dadurch wird der Ausschluss aufgehoben.

Beispiel: Ehemann ist umgekommen

Gibt es einen Verursacher für den Tod, so soll die Ehefrau eine Person dafür finden. Wenn es ein Unfall war (wer ist Unfallverursacher?), dann soll der Unfallverursacher vor dem inneren Auge auftauchen. Oder aber der direkte Verursacher als Person (z. B. der Arzt, wenn er einen Fehler gemacht hat und deshalb der Mann gestorben ist) soll erscheinen. Ist der Verursacher stark genug, so soll er das entstandene Leid beim Toten und der Ehefrau und dem Sohn/der Tochter sehen und deren Wut zurücknehmen. Dahin gibt die Ehefrau nun ihre Wut, bis sich ein neues Gefühl bei ihr einstellt, z. B. Erleichterung oder Trauer.

Dann lassen Sie die Ehefrau zum Ehemann sagen: »Ich habe dich vermisst.« Oder: »Warum hast du mich so früh verlassen?« Die Ehefrau soll ihre Trauer dem Mann zeigen bzw. sie sind gemeinsam traurig. Wenn noch Wut vorhanden ist, weil sie ab dem Tod alles alleine regeln musste, dann soll der Mann noch die restliche Wut von ihr nehmen.

Genauso soll es das Kind machen: Gemeinsam mit dem Vater und der Mutter traurig sein und die Wut an den Verursacher und den Vater herauslassen bzw. von ihnen nehmen lassen.

Es kann auch die Reihenfolge (Trauer – Wut) umgedreht werden, je nachdem, was hilft.

Der Sohn und die Mutter können sich ebenfalls traurig und wütend fühlen, wenn der Vater beispielsweise bei der Geburt oder zu einem späteren Zeitpunkt nicht anwesend war. Auch hier wird geschaut, was die Gründe dafür waren, dass der Vater nicht da war, und wer die Verursacher sind.

D. Durch den Mann sind Menschen im Krieg zu Schaden gekommen

Sind im Krieg durch den Mann (z. B. Großvater) Menschen umgekommen oder hat er nicht geholfen usw., so kann sich daraus eine Dynamik entwickeln. Beispiele können sein, sich verstecken zu müssen, ein schlechtes Gewissen zu haben, sich zu schämen oder sich schuldig zu fühlen oder sich von seinen Gefühlen abzutrennen (dissoziieren). Oft erleben wir solche Menschen dann geschwächt, obwohl sie vor dem Krieg starke ausgeglichene Persönlichkeiten waren.

Um Folgendes durchzuführen, braucht der Mann beide Kräfte. Deshalb sollen hinter dem Mann seine Eltern als Paar stehen und ihm die Kräfte geben, die er vor dem Krieg hatte. Aus dieser Stärke heraus soll er nun die Toten auftauchen lassen und sie anschauen. Außerdem soll er die Angehörigen, die unter dem Tod gelitten haben, anschauen. Kann es dem Mann leidtun (das Leid, was dadurch entstanden ist?), dann soll er es den Toten und deren Angehörigen sagen und zeigen. Normalerweise kommt es an.

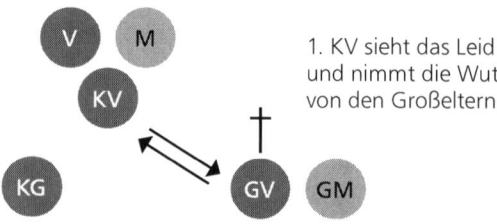

1. KV sieht das Leid und nimmt die Wut von den Großeltern

Sind die Toten oder Angehörigen wütend, so gehört die meiste Wut zum Verursacher des Krieges (z. B. Hitler), also sollen sie dorthin die Wut richten und vom Verursacher nehmen lassen. Genauso soll der Mann seine Wut dahin lenken.

Meistens entsteht dann Trauer bei allen Beteiligten, die sie sich gegenseitig zeigen sollen.

Können sie sich jetzt freilassen, d. h. können sie sagen: »Es ist gut, gesehen zu werden, aber wir können jetzt gehen«, dann ist Freiheit gegeben!

E. Wut auf den Sohn verhindert Kraftfluss

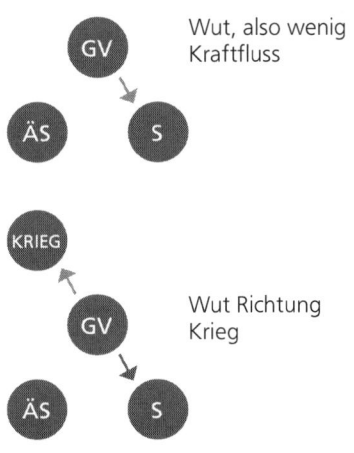

Wut, also wenig Kraftfluss

Wut Richtung Krieg

Die Wut auf den Sohn kann den Kraftfluss verringern.

Ein Grund kann darin liegen, dass der älteste Sohn z. B. im Krieg umgekommen ist. Die Wut auf den Tod des Ältesten (ÄS) und die Wut auf den Krieg wird umgelenkt auf den jüngeren Sohn (Früher vor Später bzw. »Hänsel-und-Gretel-Effekt«).

Lösung: Der Großvater findet den oder die Kriegsverursacher, wohin er seine Wut lenken kann, z. B. Hitler, NS-Regime, Kaiser Wilhelm II., ... Dann soll sein Leid von dem oder die Kriegsverursacher gesehen und seine Wut genommen werden. Er nimmt sie von seinem Sohn weg und leitet sie zu den Verursachern.

Der jüngere Sohn muss noch sicherstellen, dass er nicht dem Ältesten (ÄS) in den Tod folgen will (siehe »Nachfolgedynamik auflösen« unter Punkt H weiter unten), sondern ihm einen Platz gibt und leben will.

F. Kräfteverschiebung ausgleichen

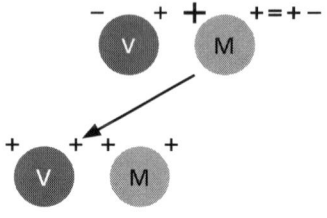 Falls ein Partner stirbt oder generell z. B. zu schwach ist (- +), so kann es sein, dass der andere Partner diesen Part übernimmt und nach außen hin als hart erscheint. Steht nun der Partner mit den beiden Kräften neben dem anderen Partner, so gleicht sich dieses wieder aus. Z. B. kann die »Trümmerfrau« Verantwortung an ihren Ehemann wieder abgeben und wird wieder zu einer ausgeglichenen Ehefrau.

Weiter hilft es oft, wenn der Partner sagt: »Es tut mir leid, was gewesen ist, als ich nicht genügend dieser Kräfte hatte.« Kommt es beim Partner an? Sind noch Trauer oder Wut vorhanden, so soll der Partner diese Gefühle dem anderen Partner zeigen bzw. ausleben. Der Partner nimmt seinen Anteil der Wut zurück, wofür er verantwortlich ist.

Ob es sich um so eine Verschiebung handelte, lässt sich z. B. daran erkennen, wie diese »Trümmerfrau« als Oma agiert hat. War sie dort mit weniger Überlebensverantwortung ausgeglichen? Wenn ja, so hat sie beide Kräfte.

G. Erlaubnis erhalten bzw. annehmen (Du darfst ... Danke, ich darf ...)

Aus Liebe oder zu Ehren oder aus Loyalität der Eltern oder Großeltern gegenüber kommt es oft vor, dass sich ein Kind nicht die Erlaubnis gibt, z. B. erfolgreich zu sein, glücklich zu sein usw. Musste z. B. die Mutter in der Ehe leiden oder haben die Großeltern im Krieg alles verloren, so meint das Kind unbewusst, mir muss es genauso ergehen – dadurch zeige ich meine Liebe ihnen gegenüber.

Sind die Vorfahren alle ausgeglichen kraftvoll und stehen jeweils als Paare nebeneinander, so wollen die Vorfahren, dass es dem Kind gut geht, es frei ist, erfolgreich sein darf usw. Die Richtung von den Vorfahren zum Kind lässt sich mit den Kräften also auflösen. Jetzt muss das Kind dieses noch annehmen. Dabei ist es hilfreich, wenn die Eltern und Großeltern dem Kind sagen, dass es besonders die Liebe oder Ehre ihnen gegenüber zeigen kann, wenn es nicht mehr an der Loyalität festhält, sondern glücklich und erfolgreich lebt. Ist dieses Vorgehen noch nicht ausreichend, so soll eine Respektsperson für das Kind auftauchen. Oft ist es der Großvater oder die Großmutter, die dem Kind klar ihre Meinung sagen, notfalls sogar sauer werden, bis es beim Kind ankommt.

Beispiele sind: Nicht glücklich sein dürfen, nicht erfolgreich sein dürfen, keine Partnerschaft haben dürfen u. a., sind Blockaden oder Bremsen im Leben einer Person, die ihre Ursache oft bei den Ahnen haben.

Vorfahre gibt nicht die Erlaubnis dem Nachfahren

Geht es einem Vorfahren schlecht, z. B. hatte er nicht die Möglichkeit, seine Verlobte zu heiraten oder haben die Großeltern ihr Geschäft durch Betrug verloren, so entsteht manchmal die Dynamik, dass die Vorfahren den Nachfahren ihr Leid aufbürden und nicht die Erlaubnis geben, dass es den Nachfahren besser gehen darf. Diese Richtung von den Vorfahren zu den Nachfahren ist jedoch selten anzutreffen, denn in den meisten Fällen wollen die Vorfahren, dass es den Nachfahren gut gehen darf und gut geht.

Der Nachfahre nimmt die Erlaubnis nicht an oder aus scheinbarer Loyalität erlaubt er sich selbst nicht, dass es ihm besser gehen darf, sondern er muss das gleiche Leid erleben, damit es (unbewusst) dem Vorfahren besser geht.

Aus unbewusster Loyalität und als Signal, um eine wichtige Blockade bei den Vorfahren aufzuarbeiten, zeigen sich diese Blockaden im Leben als fehlende Erlaubnis.

Beispiel: Ein Klient hatte dreimal in den letzten zehn Jahren erfolgreich ein Geschäft aufgebaut und es jedes Mal durch Fehler seinerseits wieder verloren. Er wollte nun Klarheit, was dahinter stecken könnte. Nachdem wir die Ökologiefragen »Was ist das Gute daran, dass er nicht erfolgreich ist?« und »Welche negativen Auswirkungen kann ein erfolgreiches Geschäft haben?« durchgegangen sind und dort keine Themen zu finden waren, fragte ich ihn, ob er denn gefühlt die Erlaubnis dazu habe, erfolgreich sein zu dürfen. Er hatte starke Vorfahrenpaare, d. h. seine Eltern und Großeltern konnte er innerlich als starke Paare eng beieinander stehen sehen. Ich fragte ihn, ob seine Großeltern und Eltern zu ihm sagen können: »Du darfst erfolgreich sein!« Dieses spürte er innerlich nach und bejahte es. Also hatte er die Erlaubnis seiner Vorfahren.

Viel wichtiger ist nun der zweite Schritt, ob er auch die Erlaubnis annehmen kann. Ich fragte ihn, ob er diese Erlaubnis annehmen kann und innerlich sich bei den Paaren bedanken und sagen kann: »Danke, ich darf erfolgreich sein.« Bei seinen Eltern und dem Großelternpaar mütterlicherseits war es stimmig, bei den väterlichen Großeltern fühlte es sich nicht stimmig an. Bei ihm tauchte dann auf, dass seine Großeltern einen erfolgreichen Kohlenhandel hatten, der im Krieg zerbombt wurde und ihre Existenz deshalb vernichtet wurde. Ihm wurde dann klar, dass er aus Loyalität das gleiche Schicksal: »Erfolg → alles verlieren« unbewusst gelebt hatte: einerseits, damit es seinen Großeltern wieder besser gehe, wenn er dessen Leid auf sich nehme; andererseits, damit die eingefrorenen Gefühle wie Wut, Leid, Trauer und Angst abgearbeitet werden, lebte er die Dynamik als Signal.

Nach dieser Erkenntnis konnte er dann stimmig zu seinen Großeltern sagen: »Aus Liebe zu euch oder euch zu Ehren darf ich erfolgreich sein – jetzt erst recht.« Damit war diese Dynamik des Misserfolges aufgelöst und er baute danach sein viertes Geschäft auf, welches seitdem erfolgreich läuft.

Folgende »Du darfst«-Aussagen treten auf:
Erfolgreich sein, glücklich sein, gut leben, eine glückliche Partner-
schaft haben, deine Vision oder Berufung leben, gesund sein, voller
Vertrauen sein, Kinder haben, reich sein, Geld haben, fröhlich sein,
Frau sein, Mann sein, Kind sein, ...

Ausnahme: Du darfst gut leben bezieht sich auf das »Gut«. Wenn
eine Nachfolgedynamik, d. h. der Gedanke: »Wäre ich doch gestorben, dann wärst du noch am Leben«, mit einem unbewussten To-
deswunsch aufgelöst wird, so reicht ein »Du darfst leben« von dem
Vorfahren nicht aus. Hier nutzen wir die Aussagen: »Du **sollst** leben!«, oder: »Aus Liebe zu mir oder mir zu Ehren **sollst** du leben!«
Im Gegenzug sagt der Nachfahre: »Aus Liebe zu dir oder dir zu Ehren **werde** ich leben!«

**H. Nachfolgedynamik in den Tod bzw. »Hänsel & Gretel«-Effekt
auflösen**

Eine Nachfolgedynamik beschreibt eine Systemdynamik, in der eine Person bewusst oder unbewusst einer anderen Person in den
Tod nachfolgen will. Mir sind bislang vier Gründe bzw. Ursachen
für Nachfolgedynamiken bekannt, die kurz im Überblick vorgestellt und dann ausführlich erklärt werden:

Früher vor später: Ein Elternteil oder ein älteres Geschwisterkind
stirbt und ein jüngeres Kind reagiert darauf.
    Zugehörigkeit bzw. Ausschluss: Wenn nur eine Person einer
Gruppe von Menschen überlebt, so kann sie sich mit den anderen
verbunden fühlen und ihnen in den Tod nachfolgen wollen.
    Verantwortung: Wenn ein älteres Geschwisterkind verantwort-
lich ist für den Tod eines jüngeren Geschwisterkindes, so können
»Schuldgefühle« und eine Nachfolgedynamik entstehen.
    Neues System vor altem System: Wenn ein älteres Kind vor den
Eltern stirbt, so kann ein Elternteil dem Kind nachfolgen wollen.

Früher vor später: 1. Nachfolgedynamik auf Geschwisterebene:

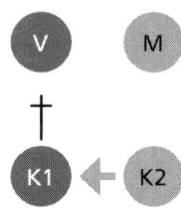

Ist ein Geschwisterkind K1 früher gestorben als das jüngere Kind K2, so kann es sein, dass das Kind K2 unbewusst aus Liebe für das frühere K1 sterben will (»Dann wärst du noch am Leben«). Hier wirkt das Systemgesetz 4: »Früher hat Vorrang vor später« in umgekehrter Dynamik.

Früher vor später: 2. Nachfolgedynamik zur Eltern- oder Großelternebene:

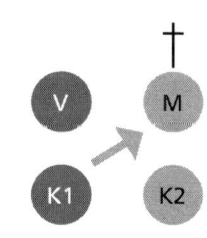

Stirbt das **erste** Kind z. B. mit zehn Jahren, so kann es darauf hindeuten, dass es eine Nachfolgedynamik zu der Eltern oder Großelternebene gibt. Ist ein Elternteil früh verstorben, d. h. das Kind war noch jünger als ca. 14 Jahre, so kann dieser Hänsel & Gretel-Effekt eintreten.

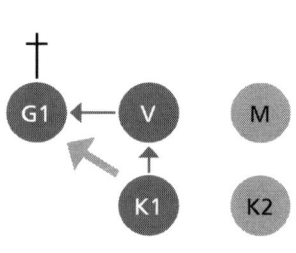

Oder ein älteres Geschwisterkind G1 eines Elternteils ist früh verstorben. Hier würde normalerweise, wie im Bild mit dem dünnen Pfeil beschrieben, der Vater darauf mit einer Nachfolgedynamik reagieren. Es gibt aber die Möglichkeit, dass diese Dynamik auf das erste Kind weitergegeben wird. Diesem folgt das Kind nach.

Genauso kann diese Dynamik auch zur Großelternebene gehen. Stirbt der Großvater oder die Großmutter oder ein älteres Geschwisterkind von den Großeltern und ist, wie im Bild mit den dünnen

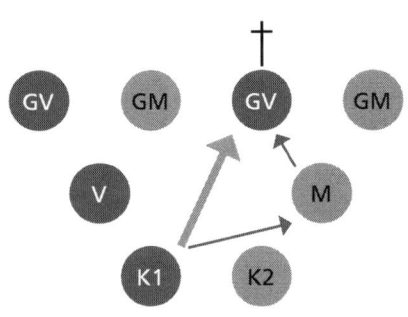

Pfeilen dargestellt, die Tochter der Großeltern davon betroffen, so kann es sein, dass sie diese Dynamik unbewusst weiter an ihr ältestes Kind gibt (was sich oft in Fehlgeburten zeigt). Die Mutter muss also keine Nachfolgedynamik und deren Signale tragen. Es kann auch eine Generation überspringen.

Aus meiner Erfahrung mit der **Genea-Methode** und dem Auflösen von Nachfolgedynamiken sind **Sucht, Depression, versuchter Selbstmord, Unfall oder Krankheiten** mögliche Hinweise auf eine Nachfolgedynamik.

Diese Nachfolgedynamiken können sich beim Kind in Depressionen, Sucht, versuchten Selbstmord, Krankheit oder Unfall zeigen. Bei Krankheit und Unfall deuten oft Zahlen darauf hin: Ist der Großvater im Krieg geblieben, als die Mutter zehn Jahre war und ihr Sohn stirbt dann mit zehn Jahren, spreche ich von einer **Dynamik** bzw. einem **Signal**. Oder die gleiche Krankheit tritt wie beim Vorfahren auf, oder die Angst vor dem Todesalter oder der Krankheit beim Vorfahren, so können dieses Hinweise auf eine Nachfolgedynamik sein.

Ist das zweite, dritte oder die späteren Kinder von der Nachfolgedynamik betroffen, so deutet es darauf hin, dass ein älteres Geschwisterkind gestorben ist oder ausgeschlossen wurde. Es deutet nicht auf die Eltern- oder Großelternebene hin. Der Hänsel & Gretel-Effekt tritt besonders dann ein, wenn die verstorbene Person totgeschwiegen, also ausgeschlossen wird. Dazu gehören Fehlgeburten genauso wie Abtreibungen.

Nachfolgedynamik auflösen

Zuerst werden die Kräfte der Ahnen hergestellt, d.h. dass innerlich alle Vorfahrenthemen geklärt sind und die Ahnen jeweils als Paare kraftvoll mit + + nebeneinander stehen können. Dann lässt sich diese Dynamik dadurch überprüfen, dass der verstorbene kraftvolle Frühere dem Kind sagt: »Ich gehöre zu den Toten und du sollst gut leben!« Kommt dieser Satz beim Kind an? Und kann umgekehrt das Kind sagen: »Du gehörst zu den Toten und ich werde gut leben«? Wenn es diesen Satz nicht richtig sagen kann, so liegt normalerweise diese Dynamik vor.

Sind die Vorfahren alle ausgeglichen kraftvoll und stehen jeweils als Paare nebeneinander, so wollen die Vorfahren, dass es dem Kind gut geht, es frei ist und gut leben soll usw.

Die Richtung von den Vorfahren zum Kind lässt sich also mit den Kräften auflösen. Jetzt muss das Kind dieses noch annehmen. Dabei ist es hilfreich, wenn die Eltern und Großeltern dem Kind sagen, dass es besonders die Liebe oder Ehre ihnen gegenüber zeigen kann, wenn es nicht mehr an der Loyalität festhält, sondern glücklich und erfolgreich lebt. Ist dieses Vorgehen noch nicht ausreichend, so soll eine Respektsperson für das Kind auftauchen, oft ist es der Großvater oder die Großmutter, die dem Kind klar ihre Meinung sagen, notfalls sogar sauer werden, bis es beim Kind ankommt.

Dann kann das Kind sagen: »Du gehörst zu den Toten und ich werde gut leben! Du wirst immer einen Platz in meinem Herzen behalten!« Falls Trauer vorhanden ist, so zeigt das Kind dem Verstorbenen seine Trauer. Falls Wut über den Tod aufkommt, so soll die Wut vom Verursacher und vom Verstorbenen genommen werden.

Zugehörigkeit: Nachfolgedynamik und »Schuldgefühle« auflösen

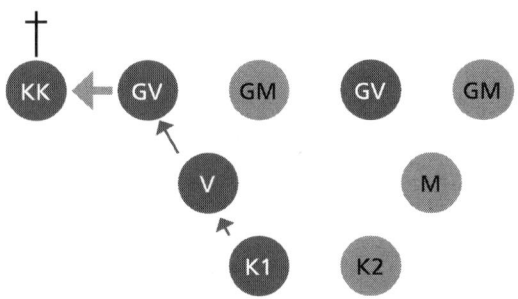

Ähnlich zu dem Hänsel & Gretel-Effekt können sich bei einem Überlebenden eine Nachfolgedynamik und/oder Schuldgefühle einstellen, wenn er z. B. im Krieg der Einzige war, der den Untergang seines U-Bootes überlebt hat oder als Einziger flüchten konnte oder das Schiff versenkt wurde und er überlebt hat.

Im Bild ist der Kriegskamerad KK gestorben und der Großvater hat überlebt. Der Großvater trägt diese Dynamik bzw. Last der Schuldgefühle mit sich und dieses raubt ihm einen Teil seiner Lebensenergie. Oft wird diese Dynamik als Last an die Kinder und Enkelkinder weitergegeben, d. h. im Beispiel kann es sein, dass der Vater oder das Kind ebenfalls Schuldgefühle in sich tragen, ohne zu wissen, wo sie herkommen.

Das Auflösen dieser Schuldgefühle funktioniert ähnlich zu dem in Punkt D beschriebenen Vorgehen. Zuerst wird mit der Ahnenarbeit sichergestellt, dass der Großvater seine Eltern als Paar hinter sich hat und er + + ist. Dann wird der Kriegsverursacher z. B. Hitler gesucht. Ist der Kriegsverursacher stark genug mit seinen Eltern hinter sich, so soll er das Leid beim toten Kriegskameraden mit dessen Eltern sehen und seine und deren Wut nehmen. Auch soll der Kriegsverursacher das Leid, Trauer, Angst und Schuldgefühle beim Großvater sehen und dessen Wut nehmen. Hier soll der Großvater seine Schuldgefühle in Wut auf den Kriegsverursacher umwandeln – »Dass ich überhaupt solche Schuldgefühle habe, darüber bin ich wütend.« Und der Kriegsverursacher nimmt seinen Anteil der Wut, für den er verantwortlich ist.

Ist nun der Kriegskamerad und der Großvater + +, so sollen sie noch gemeinsam traurig sein. Kann der Kriegskamerad danach zum Großvater sagen:»Ich gehöre zu den Toten und du sollst gut leben, mir zu Ehren« und der Großvater kann es annehmen und selbst sagen:»Du gehörst zu den Toten und ich werde dir zu Ehren gut leben«, so ist diese Dynamik aufgelöst.

Danach geht man weiter mit der Ahnenarbeit und lässt jeweils die Last der Schuldgefühle vom Sohn und vom Enkel nehmen.

I. Ängste (einschränkende Gefühle) zurückgeben

Hat ein Vorfahre etwas Schreckliches erlebt, ging es z. B. um sein Leben (nach einem Bombentreffer stürzte das Haus ein und unten im Keller wurde er verschüttet, konnte sich aber befreien) oder ein Elternteil starb, als er noch jung war, so kann dieser Verlust zur Verlassenheitsangst führen. Solche nicht bearbeiteten Gefühle können auch an die Kinder oder Enkel weitergegeben werden. Sie treten immer mal wieder auf, ohne ersichtlichen sachlichen Grund, weshalb man sie auch nicht bewusst erklären kann.

Z. B. führt die Verlassenheitsangst oft dazu, dass die Person keine engen Bindungen eingeht, denn es gilt: Lieber verlasse ich dich vorbeugend, als dass ich verlassen werden kann. Im umgekehrten Fall kann sie starkes Heimweh haben, da sie die ganze Zeit z. B. die Eltern im Blick haben will, weil sie dann nicht verlassen werden kann.

Die Todesangst vom obigen Beispiel kann sich darin zeigen, dass die Person nicht in einem Zelt übernachten kann oder z. B. Angst vorm Fliegen oder vorm Fahrstuhl fahren hat. Es handelt sich jeweils um enge Räume und Hilflosigkeit.

Zum Auflösen dieser Ängste wird geschaut, aus welcher Ahnenreihe diese Gefühle kommen. Dann wird das Format »Kräfte der Ahnen« durchgeführt. Ist der Betroffene, der diesen Angstauslöser

erlebt hat, kraftvoll (+ +) und hat dazu seine Eltern hinter sich stehen, so kann er die Angst selber tragen und sie vom Nachfahren
zurücknehmen. »Ich bin jetzt stark, es ist meine Angst, ich kann
sie selber tragen, bitte gib sie mir jetzt zurück!« Gibt es noch Wut,
Trauer usw. so soll er diese Energie an die Verursacher z. B. Kriegsverursacher, oder Verursacher für den Tod seines Vorfahren zurückgeben.

Ist er nun wirklich kraftvoll, so geben die Nachfahren gerne diese Angst zurück und sind nun frei davon.

J. Die erste Bindung bleibt die stärkste

Die erste Beziehung im Leben, in der man hätte eine neue Familie
gründen, sich fortpflanzen können, bleibt die stärkste – wie sich bei
den Klienten zeigte. Damit sind auch Beziehungen aus der Teenie-
Zeit gemeint. Diese Bindung hat nichts mit Liebe zu tun, sondern
mit dem Überleben des Systems. Liebe ist für mich auf der Bezie-
hungsebene, Bindung auf der Systemgesetzebene.

Fazit: Es ist wichtig, dass die frühere Beziehung bzw. der frühere
Partner gewürdigt wird. Schließe ich die Beziehung oder den Partner aus, so entsteht ein vergifteter Platz und das hat normalerweise negative Auswirkungen auf die folgenden Beziehungen (s. Ausschluss).

Bin ich kraftvoll (+ +), so schaue ich innerlich den ersten Partner
an und kläre die Dinge, die noch zu klären sind, z. B. Wut oder Trauer, aber auch Anerkennung. Solange, bis wir uns frei lassen können
und wir uns in der Realität auf einen Kaffee treffen könnten.

Danach sollte man alle weiteren folgenden Partnerschaften so
durcharbeiten, so dass überall Anerkennung herrscht und man frei
wird, ansonsten wirkt sich fehlende Anerkennung, Wut und Ausschluss wie ein Gummiband auf die neue Beziehung aus. Sie werden in das Alte zurückgezogen und es kommt dann oft zu gleichen
Problemen wie in den früheren Beziehungen.

K. Ausgeschlossener früherer Verlobter

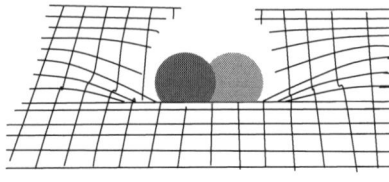

Mann und Frau verloben sich, bzw. hatten die Möglichkeit, eine Familie zu gründen. Wenn dieses dann aus äußeren Gründen (z. B. Verbot der Eltern) nicht zu Stande kommt und der frühere Verlobte dann ausgeschlossen wird, so hinterlässt er einen Platz im Feld, wenn viel Liebe zwischen den Partnern war. Hängt das Herz der Frau noch beim Verlobten, lebt sie aber mit einem neuen Mann und ihren gemeinsamen Kindern zusammen, so ist sie nicht frei für den Mann. Meistens fehlt in der Beziehung etwas.

Folgen können sein:

Ausgeschlossener und Frau oder Kind fühlen sich verbunden

I. Die Frau fühlt sich immer noch dem früheren Verlobten zugehörig, kann also keine richtige Paarbeziehung zum jetzigen Mann eingehen.
II. Der Sohn nimmt den Platz ein, d. h. er kann selbst keine feste Beziehung eingehen, bis zum Verloben funktioniert es, aber weiter nicht (gleiches Schicksal).

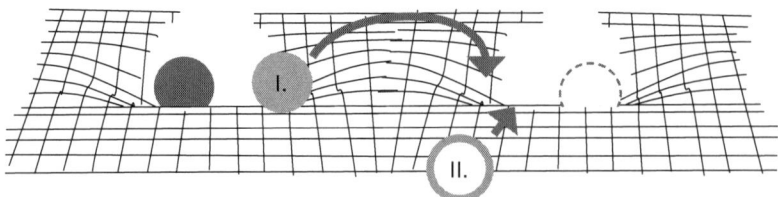

Entscheidend ist hier, den Ausschluss aufzuheben. Voraussetzung ist wieder, dass die Kräfte (+ +) vorhanden sind. Dann soll die Frau den Verlobten innerlich anschauen und ihre Gefühle austauschen wie Liebe, Wut, Trauer usw. Danach stellt sie ihren Verlobten ihren Mann vor und sagt ihm: »Das war mein Verlobter, er war der Erste, weil er gegangen ist, konntest du den Platz einnehmen.« Die beiden Männer schauen sich an. Normalerweise ist es zwischen den beiden dann gut (ansonsten sollen die beiden klären, was zu klären ist). Die Frau stellt ihrem Verlobten dann ihren Mann und ihre Kinder vor. Falls der Verlobte nun Gefühle wie Trauer, Wut usw. hat, so soll er sie ebenfalls herauslassen z. B. an die Frau oder an die Verursacher z. B. Eltern, da sie nicht zusammenbleiben durften. Sind alle Gefühle ausgetauscht, so können sich die Frau und der Verlobte frei lassen. Falls der Sohn mit dem Verlobten über das gleiche Schicksal verbunden war, so sollen sich Sohn und Verlobter anschauen. Falls der Sohn Trauer spürt, so soll er seine Gefühle ausdrücken. Beide sollen dann sagen: »Ich lasse dich frei.«

L. Überzeugungen bei den Vorfahren neu prägen – Empowering-Methode

Überzeugungen können förderlich und hinderlich sein.

> **Beispiel:** Eine Firma wurde von den Eltern an die einzige Tochter weitergegeben. Sie wollten jedoch lieber einen Sohn, so dass sich die Tochter nie wirklich als Tochter oder Frau anerkannt gefühlt hat. Auch wurde sie von ihren Eltern in der Firma ein Stück ausgeschlossen. Der Ehemann der Tochter und deren gemeinsamer Sohn wurden mehr ins Vertrauen bzgl. der Firmenführung gezogen als die Tochter. Der Sohn stellte sich dann sogar höher als seine Mutter. Die Überzeugung der Eltern war, dass Frauen zur alleinigen Führung einer Firma nicht wirklich geeignet sind.

Auflösen lässt sich diese Verletzung mit der **Empowering-Methode**. Können die Eltern sehen und das Wissen von heute bekommen, dass die Tochter die Firma gut weitergeführt hat? Kann bei den Eltern die Ressource ankommen, dass ihr früheres Denken hinderlich ist und auch Leid und Wut bei ihrer Tochter erzeugt hat?

Können die Eltern eine neue Überzeugung in Bezug auf Tochter und Nachfolge bekommen?

Sie sollten solange die **Empowering-Methode** auf die Eltern anwenden, bis sich eine neue Überzeugung bei ihnen entwickelt und die Eltern die Tochter voll und ganz anerkennen können. Erst dann können sie das Leid bei der Tochter sehen und die Wut nehmen.

Bekommt die Tochter ihren Platz, so werden die Eltern auch dafür sorgen, dass ihr Schwiegersohn und deren Sohn nicht höher stehen als ihre eigene Tochter.

M. Flüche und Verwünschungen

Flüche und Verwünschungen sehen von der Wirkung so aus wie Dynamiken. Die Ursache bei Flüchen und Verwünschungen ist jedoch eine andere. Flüche und Verwünschungen unterscheiden sich nur darin, dass ein Fluch mit mehr Energie versehen ist und dadurch eine stärkere negative Auswirkung hat. Im Folgenden wird Fluch und Verwünschung nur noch als Fluch bezeichnet, denn die Ursachen und die Auflösungswege sind die gleichen.

Beispiele für Flüche sind: »Dir soll es genauso schlecht gehen wie mir«, »Du sollst immer unglücklich sein«, »Ich wünsche dir die Pest an den Hals.«

Flüche werden normalerweise dann ausgesprochen, wenn einer Person oder einem Paar etwas passiert, bei dem viel Leid und Wut entsteht. Diese Situation und Wut konnte damals jedoch nicht aufgelöst werden, sie fühlen sich ohnmächtig. Beispiele dafür sind Hexenverbrennung, Missbrauch, Betrug oder verlässt ein Ehemann seine Ehefrau für eine andere Frau, so kommt es vor, dass die Ehefrau die neue Frau verflucht. Als Ventil wird dann ein Fluch ausgesprochen, der sich über alle Generationen des Verfluchten, aber auch bei der Person, die den Fluch ausspricht, auswirken kann. Ein Fluch wirkt beidseitig, d. h. gemeinsam in den Abgrund.

Auflösen lässt sich ein Fluch, wenn die Verursacher des Leides stark genug sind und das Leid bei den Verletzten (Fluch-Aussprecher) gesehen wird und deren Wut vom Verursacher genommen wird. Dadurch kommen die Verletzten aus ihrem ohnmächtigen Zustand heraus und sie können den Fluch zurücknehmen. Deshalb ist es sinnvoll, wenn sich ein Vorfahre ohnmächtig gefühlt hat, zu überprüfen, ob er einen Fluch ausgesprochen hat.

Flüche wirken in beide Richtungen, d. h. es hat negative Auswirkungen auf den Verfluchten und seine Nachfahren und genauso auf die Person und dessen Nachfahren, die den Fluch ausgesprochen hat. Die Auswirkungen, die sich beim Klienten zeigen, können also daher kommen, dass ein Vorfahre verflucht wurde oder verflucht hat.

N. Versprechen und Gelöbnis

Um aus einer Notsituation herauszukommen, sein Überleben zu sichern oder ein sehr wichtiges Ziel erreichen zu können, versprechen oder geloben Menschen sich selbst, einer anderen Person oder Institution, etwas zu tun oder zu unterlassen. Beispielsweise gab es im Ersten Weltkrieg eine Sekte, die die Schützengräben besuchte. Dieser Sekte versprachen Menschen, die voller Todesangst waren, dass sie nie wieder Sex mit einer Frau (auch Ehefrau) haben werden, wenn sie den Krieg überleben würden. Der Vater einer Klientin hatte dieses Versprechen abgegeben und es führte zu viel Leid und Wut bei ihm und seiner Ehefrau, denn er konnte dieses Versprechen nicht auflösen und musste sich widerwillig daran halten. Wie das Wort schon sagt, hatte er sich ver – sprochen. Menschen brechen ja oft ihre Versprechen. Ist es jedoch in einer Notsituation (z. B. Todesangst) ausgesprochen, so führt das Brechen des Versprechens zu Ängsten und schlechten Gefühlen. Die Todesangst kommt wieder hoch.

Auflösen lässt sich dieses Versprechen, wenn im Beispiel »Krieg« das Leid und die Angst vom Kriegsverursacher gesehen wird und die Wut von ihm genommen wird. Dann wird die Todesangst noch in Wut umgewandelt und vom Kriegsverursacher genommen. Da

die Sekte eine Zwangslage ausgenutzt hat, die jetzt durch das Auflösen des Leids, der Angst und der Wut nicht entstanden wäre, kann
das Versprechen zurückgenommen werden.

O. Nicht Dürfen

Will, **Kann** und **Darf** sind ein Dreieck, das erfüllt sein muss, damit
ein Mensch handeln kann.

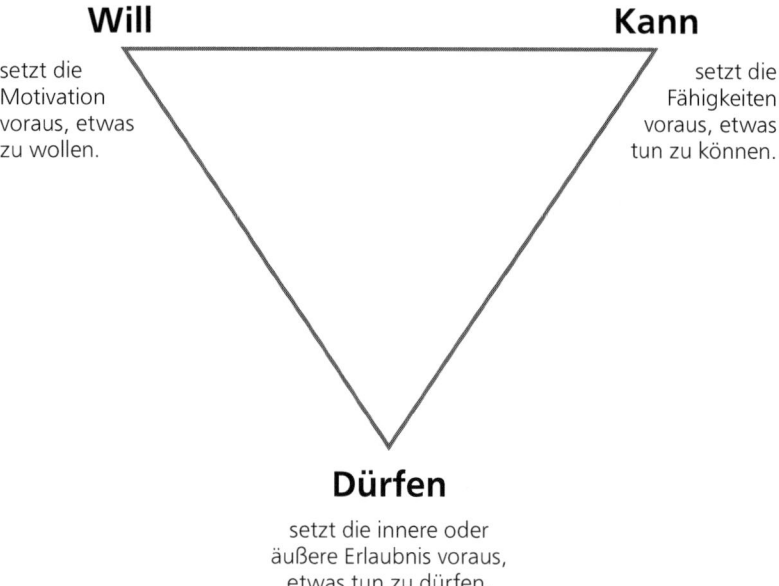

Will

setzt die
Motivation
voraus, etwas
zu wollen.

Kann

setzt die
Fähigkeiten
voraus, etwas
tun zu können.

Dürfen

setzt die innere oder
äußere Erlaubnis voraus,
etwas tun zu dürfen.

Dürfen wird oft nicht beachtet, es ist jedoch ein sehr wichtiger As-
pekt. Wenn ein Mensch handeln will und auch die Fähigkeiten hat,
also es kann, dann verhindert ein »Nicht dürfen« die Durchfüh-
rung.

Dynamik: »Nicht dürfen« kann erstens eine Dynamik sein, wenn aus Loyalität zu einem Vorfahren die Person es sich nicht erlaubt – z. B. darf es ihr nicht besser gehen als ihrem Vorfahren.

> **Beispiel:** Will eine Person sich erfolgreich ein Geschäft aufbauen und der Wille und die Fähigkeiten sind da, so wird diese Person Schwierigkeiten damit bekommen, wenn ein Fluch oder ein Loyalitätskonflikt mit den Ahnen vorliegt. Das spiegelt sich wider, wenn eine Person keinen Schulabschluss oder keinen Doktortitel erreichen kann. Oder jemand baut sich mehrmals ein Geschäft auf und aus nicht erklärbaren Gründen scheitert er jeweils.

Fluch oder Verwünschung: Zweitens kann ein »Nicht dürfen« durch einen Fluch entstehen, wenn der Fluch z. B. beinhaltet, dass alle Nachfahren keinen Erfolg haben dürfen oder unglücklich sein sollen …

Versprechen oder Gelöbnis: Ein »Nicht dürfen« kann drittens daher kommen, dass ein Versprechen abgegeben wurde.

Schatten: Viertens kann ein »Nicht dürfen« die Ursache in einem Schatten haben, d. h. die Person hat in ihrer Kindheit etwas getan, was es nicht durfte und dafür eine Strafe bzw. eine Zurechtweisung ohne die Herzseite (Liebe) bekommen. D. h. dass die Eltern in Strenge dem Kind etwas sagten, ohne gleichzeitig in Liebe auf ihr Kind zu schauen.

P. Lasten

Eine Last kann eine Dynamik/Signal sein, die man erhält bzw. unbewusst übernimmt, z. B. Verantwortung, Wut, Angst, Trauer, Krankheit, Leid, Hänsel & Gretel-Effekt …

Im Rahmen der **Genea-Methode** wird daran gearbeitet, dass Lasten von den Verursachern zurückgenommen werden. Ob Angst, Wut usw. eine übernommene Last vom Vorfahren zum Nachfahren darstellen oder durch eine selbsterlebte Prägung entstandene Gefühle sind, lässt sich auf den ersten Blick nicht erkennen. Zum Auflösen dieser Dynamiken/Signale ist es jedoch wichtig, herauszufinden, ob es eine Last ist oder nicht, denn der Lösungsweg ist unterschiedlich. Hier zwei Beispiele.

Beispiel: Angst als Last

Ein Großvater hatte im Krieg Todes- oder Verlassenheitsangst. Diese Angst hat der Enkel als Last übernommen. Er hat selbst kein prägendes Erlebnis in seiner Geschichte, in der diese Angst entstanden sein kann. Auch haben seine Eltern ihm keine Angst vorgelebt. Wird der Großvater wieder ausgeglichen kraftvoll und die Großeltern und die Eltern werden starke Paare, dann nimmt der Großvater die Last von seinem Enkel zurück. »Gib mir die Last, die du für mich getragen hast. Sie gehört zu mir.« Wenn der Enkel die Last auch loslassen kann, so tritt bei ihm eine Erleichterung und Entspannung ein. Meistens kommt dann kurz danach Wut beim Enkel hoch, dass er unter dieser Last leiden musste. Dieses Leid kann der Großvater ebenfalls anerkennen und die dazugehörige Wut zurücknehmen. »Ich sehe dein Leid, was durch diese Last entstanden ist, und ich nehme die dazugehörige Wut zurück.« Und er behält von dieser Wut nur seinen Anteil und sorgt dafür, dass die weiteren Verursacher jeweils ihren Anteil der Wut nehmen.

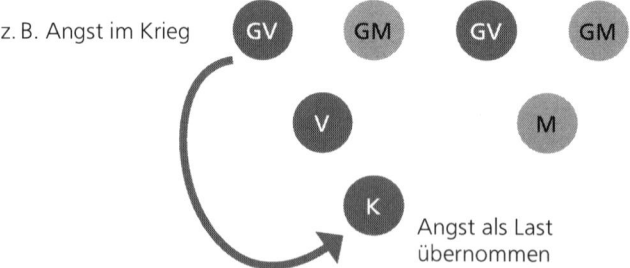

z. B. Angst im Krieg GV GM GV GM V M K Angst als Last übernommen

Beispiel: Angst nicht als Last übernommen, sondern durch eine Prägung entstanden

Angst ist dann keine Last, wenn sie selbst durch ein prägendes Erlebnis entstanden ist. Ist beispielsweise der Vater gestorben, so kann daraus eine Verlassenheitsangst entstehen. Das Auflösen dieser Angst besteht darin, dass die Vorfahren alle ausgeglichen kraftvoll sind, es überprüft wird, wer oder was der Verursacher für den Tod des Vaters war (Unfallverursacher, Krankheit, Nachfolgedynamik?) und dieses ebenfalls abgearbeitet wird. Dann sieht der Vater das Leid beim Sohn, nimmt die Wut von seinem Sohn und sie können gemeinsam traurig sein. Da die Angst in der Prägung entstanden war, ist es keine Last und kann somit auch nicht vom Vater zurückgenommen werden.

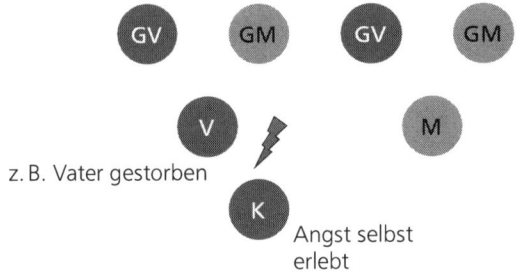

z. B. Vater gestorben

Angst selbst erlebt

Q. Überlebensinstinkt

Nun kommen wir zu dem Thema Missbrauch in der Familie, der laut Schätzung bei ungefähr zehn Prozent aller Familien vorkommt. In meiner Arbeit als Coach kam er bei mehr als zehn Prozent vor.

Sind die Eltern kein Elternpaar, sondern verletzen sich auf der Systemgesetzebene, dann kann es dazu kommen, dass ein Kind zwischen die Eltern gerät und versucht, dass die Eltern zusammen bleiben. Es übernimmt Verantwortung, wird als Übermittler von Nachrichten benutzt, oder es kann auch sein, dass das Kind schwer krank wird. Dann kümmern sich die Eltern um das Kind und bleiben deshalb zusammen.

Es ist ein Überlebensinstinkt in dem Kind, dass die Eltern zusammen bleiben müssen, damit die Familie und eben auch das Kind überleben können. Früher ging es wirklich real um das Überleben, nämlich genug Essen und Schutz zu bekommen. Heute, in unserer Welt des sozialen Netzes, geht es nicht mehr ums Verhungern, trotzdem ist der Instinkt noch vorhanden.

Aus diesem Überlebensinstinkt kann es auch zum Missbrauch in der Familie kommen, nämlich wenn ein Kind in die Partnerrolle hineinrutscht. Es kann dann zu allen Arten von Missbrauch kommen. Um diese Verletzungen auflösen zu können, wird daran innerlich gearbeitet, dass die Eltern ein starkes Paar werden und es somit nicht dazu gekommen wäre.

Trotzdem fiel es einigen meiner Klienten schwer, alle Verletzungen und Wut abzuarbeiten, da sie sich mitverantwortlich oder »mitschuldig« fühlten.

Durch eine Klientin kam ich dann darauf, dass eine mögliche Erklärung in Freuds Triebtheorie gefunden werden könnte. Diese Klientin gab mir das Buch von Alice Miller »Du sollst nicht merken« (1983), worin sich die Autorin als Psychoanalytikerin mit Freud und seiner Triebtheorie auseinandersetzt. Darin beschreibt sie Folgendes, was ich sehr kurz zusammengefasst habe:

Sigmund Freud und Missbrauch

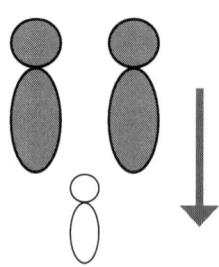

Sigmund Freud 1886
Ursachen für Neurosen und Psychosen sind immer sexueller Missbrauch in der Familie. Er nennt es Verführungstheorie.

»Schuld« bzw. **Handlung bei den Eltern** (s. »Zur Ätiologie der Hysterie«, Freud)

Wie das nebenstehende Bild verdeutlicht, sind die Eltern die Verursacher oder Verantwortlichen dafür.

Frau Miller schreibt auf S. 138: »In der 1896 publizierten Arbeit *Zur Ätiologie der Hysterie*, deren große Klarheit, Direktheit und unmittelbarer Überzeugungskraft (…) nicht zu verkennen ist, berichtet Sigmund Freud, dass in allen von ihm behandelten 18 Fällen hysterischer Erkrankungen (6 Männer und 12 Frauen) in sämtlichen Fällen während der analytischen Arbeit die Verdrängung eines sexuellen Mißbrauchs durch Erwachsene oder ältere Geschwister, die ihrerseits früher von Erwachsenen mißbraucht worden waren, vorlag.«

Davon ist Freud schon ein Jahr später abgerückt und hat diese These durch seine Triebtheorie ersetzt (siehe dazu das Buch »Du sollst nicht merken«, von Alice Miller).

Sein Sinneswandel hatte zwei Ursachen: Erstens wollte er das 4. Gebot – »Du sollst deine Eltern ehren« aufrechterhalten (Welche Person kann schon ihre Eltern ehren, wenn sie von ihnen missbraucht wurde und die Eltern dafür verantwortlich sind?) und zweitens war der Druck der damaligen Gesellschaft und der Schwarzen Pädagogik so groß, dass er wie Galilei seine Thesen widerrufen musste.

Der Begriff »Schwarze Pädagogik« wurde 1977 von der Soziologin Katharina Rutschky in ihrem Buch: »Schwarze Pädagogik. Quellen zur Naturgeschichte der bürgerlichen Erziehung«, Ullstein, Berlin 1977; Neuausgabe ebd. 1997, eingeführt.

Es ist ein negativ wertender Sammelbegriff für Erziehungsmethoden, die Gewalt und Einschüchterung als erlaubtes und nützliches Mittel zur Erziehung enthalten.

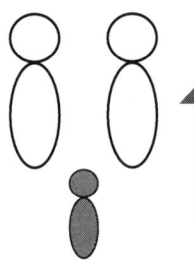

Sigmund Freud 1887
Freud führte die Triebtheorie des Kindes (Ödipus usw.) ein, damit die Eltern nicht »schuld« sind, sondern die »Schuld« bzw. **Handlung bei den Kindern liegt.**
Wie das nebenstehende Bild verdeutlicht, sind nicht mehr die Eltern die Verursacher oder Verantwortlichen dafür, sondern das Kind.

Frage: Gibt es die Triebe laut der Triebtheorie wirklich?

Die Triebtheorie ist nur eine Theorie!

Die Triebtheorie ist eine Theorie und von Freud entwickelt, damit er nicht mehr unter Druck stand!

Ich gehe davon aus, dass es die Triebe, wie in der Theorie beschrieben, im Kind nicht gibt!

Dazu folgendes Zitat aus dem Buch von Alice Miller, S. 237: »Man kann Freud keinen Vorwurf daraus machen, dass er unsere Erfahrungen noch nicht hatte. Auch das Aufgeben der Verführungstheorie zugunsten des Ödipuskomplexes kann man ihm nicht vorwerfen, obwohl ich es persönlich bedaure, weil ich in fast allen von mir analysierten und kontrollierten Fällen eine Bestätigung für seine erste Theorie fand. Nur spreche ich nicht von ›Verführung‹, sondern von Mißbrauch, und ich schränke diesen nicht auf den sexuellen Bereich ein.«

Auch hat Freud seit 1887 immer wieder probiert, seine Aussagen von 1886 aufrechtzuhalten und in seine Arbeit einzubringen. Jedoch ist er jedes Mal zurückgerudert.

Dazu schreibt Alice Miller auf S. 143: »Die Triebtheorie kommt diesen Abwehrmechanismen entgegen, wenn sie in den infantilen, sexuellen Phantasien und Konflikten den Ursprung der Neurose sieht, weil so die geforderte Idealisierung der Eltern erhalten bleiben kann. Das kann man verstehen und – im Hinblick auf die Herrschaft der Schwarzen Pädagogik im Jahre 1897 – auch akzeptieren. Nur kann man die empirischen Funde, die Freud zur Verführungstheorie geführt haben und die er 1896 dargelegt hat, nicht mehr in diese Theorie einbauen, auch wenn sich Freud darum, wie es scheint, sein Leben lang immer wieder bemüht hat. Das 1896 beschriebene und 1897 wieder verlassene, sexuell (und nichtsexuell) mißhandelte Kind ist in der Triebtheorie logischerweise nicht mehr auffindbar, denn das Vokabular der Schwarzen Pädagogik und der Blick für die Realität des geopferten Kindes schließen einander notwendigerweise aus.«

Missbrauch – Erklärungsmodell Systemgesetze

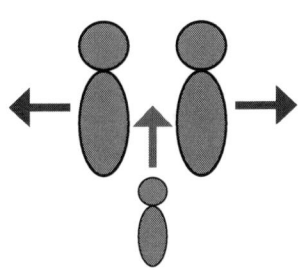

Dieter Bischop 2007
Zu wenig Kräfte (männliche und/oder weibliche) bei den Eltern → sie bleiben normalerweise kein (Liebes)-Paar, wenn Kinder geboren werden.

Eltern gehen »auseinander«, streiten usw. → Kinder wollen die Familie erhalten, da es ums Überleben geht (sie sind nicht mehr Eltern, die uneingeschränkt anerkannt werden können).

Dadurch kann es zur Zerrissenheit beim Kind kommen oder zum sexuellen und nichtsexuellen Missbrauch, da das Kind als Ehepartnerersatz benutzt wird (keine Triebtheorie als Ursache).

Folgen der Anerkennung der Triebtheorie in der Gesellschaft sind, dass viele Menschen ein schlechtes Gewissen haben, wenn sie missbraucht wurden, aufgrund der Aussagen der Triebtheorie, und sich schuldig fühlen.

Diese Folgen tauchen immer wieder in der **Genea- und der Empowering-Methode** auf, dass sich Klienten schuldig fühlen und so nicht ihre Wut loslassen können, sondern wütend auf sich selber sind.

Dabei hilft diese Beschreibung von oben, die zeigt, dass es hier keine Schuld gibt, wohl aber Verantwortung der Eltern und Vorfahren und natürlich auch große Verletzungen.

Lösungsweg

Die Reihenfolge der Schritte ist zwingend, da es sonst sogar zu einer Verschlechterung kommen kann! Der Klient ist die missbrauchte Person.

1. Innere Aufstellung: Den Eltern die Kräfte zukommen lassen (Ressourcen-Kräfte der Ahnen-Arbeit mit Hilfe der **Genea-Methode**)
2. Die Eltern stehen zusammen und übernehmen Verantwortung (»Wir sind jetzt Eltern, wir sind jetzt ein Paar, es tut uns leid.«)
3. Das Kind gibt die Last und die Verletzung, Wut, Trauer usw. an die Eltern zurück und die Eltern nehmen sie zurück (keine Schuld, sondern Verantwortung). Eventuell ist hier das Konzept des »Schleifen-Drehens« nötig.
4. Neuprägung der Kindheit: Erleben der Kindheit bis zur Gegenwart – wie bin ich aufgewachsen, wenn meine Eltern diese Kräfte haben und dadurch andere Verhaltensweisen leben können.

Das 4. Gebot – »Eltern ehren« gilt nicht uneingeschränkt für mich, sondern: Die Eltern ehren ist nur dann möglich, wenn sie auch Eltern **sind**!

Der Schatz in der Ahnenarbeit

Zusammengefasst lässt sich sagen, dass die **Genea-Methode** ein riesiges Potenzial hat und viele Themen, die in der Persönlichkeitsentwicklung auftreten, damit bearbeitet werden können.

Im positiven Sinne schafft sie die Grundlage für Glück, Gesundheit, Partnerschaft, Eltern und Führungskraft sein können, Urvertrauen und Loslassen können.

Im negativen Sinne können Verletzungen bei den Ahnen und deren Schwächung Ursache für Depressionen, Psychosen und Neurosen, Ängste, Zwänge, Süchte, Aggressionen, Krankheiten, ADS/ADHS, Misserfolg, wenig Selbstvertrauen und Burnout sein.

All die gerade genannten Themen wurden im Coaching mit Hilfe der **Genea-Methode** aufgelöst. Ich beschreibe hier die Wirkung der Ahnenarbeit anhand von neuen Erfahrungen und Erlebnissen der Klienten.

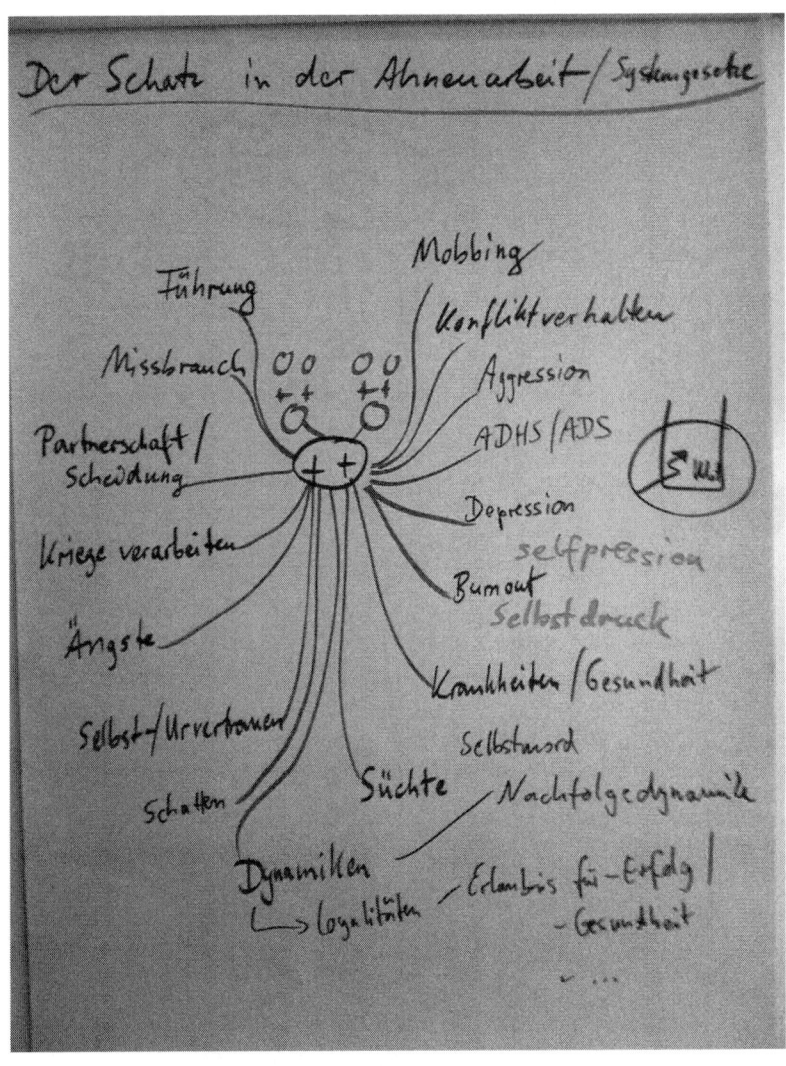

Ethische Grenzen und Schwarze Magie

Die **Genea-Methode** wenden wir nur auf die direkten Vorfahren des Klienten an. Normalerweise hat der Klient die Erlaubnis der Vorfahren, Verletzungen der Vorfahren für sich auflösen zu dürfen. Dieses Auflösen kann zu Veränderungen bei den Vorfahren z. B. Eltern führen. Mit der **Genea-Methode** kann man in ihrer Anwendung an ethische Grenzen stoßen. Wendet eine Person die **Genea-Methode** innerlich auf Ehepartner, Chefs oder andere Personen an, so wird eine Grenze überschritten. Es ist möglich, dass es negative Auswirkungen für die Personen hat. Deshalb muss ich aus ethischen und ökologischen Gründen eindringlich davon abraten.

> **Wichtig:** Wenden Sie die Genea-Methode nur auf Ihre eigenen Vorfahren bzw. wenden Sie sie als Coach nur auf die direkten Vorfahren Ihres Klienten und nicht auf eine andere Person an. Ansonsten beginnt für mich der Bereich der Schwarzen Magie, da selbst wenn die handelnde Person positive Absichten hat und keinen Schaden anrichten will, es trotzdem zu negativen Konsequenzen kommen kann.

Unter »Schwarzer Magie« wird in der Regel eine Handlung verstanden, die Schaden anrichten soll. Dazu gehören allen voran Flüche.

Weiter oben habe ich die Wirkung von Flüchen beschrieben. Wurden sie von Vorfahren aus einer tiefen Verletzung mit Ohnmachtsgefühlen ausgesprochen, so wirkt der Fluch negativ für die Person und deren Nachfahren, die von dem Fluch getroffen wurde. Aber genauso trifft der Fluch die Person und deren Nachfahren, die den Fluch ausgesprochen hat. Wie solche Flüche und deren negativen Auswirkungen bei den Ahnen aufgelöst werden können, ist oben beschrieben.

Inwieweit »kleine« Flüche wie z. B. im Autoverkehr sich auswirken, kann ich nicht genau sagen, da sie in meiner Arbeit nicht vorgekommen sind. Ich würde jedoch auch mit »kleinen« Flüchen vorsichtig sein, da sie sich ebenfalls negativ auswirken könnten.

Verfluchen Sie jedoch eine Person, so gilt das Gleiche wie bei den Vorfahren. Sie und Ihre Nachfahren trifft der Fluch ebenfalls.

Werden Sie von einer Person verflucht, so ist es ein schwacher Trost zu wissen, dass der Fluch auch die Person selbst negativ trifft, der ihn ausspricht.

Achtsam für Flüche sein

Wichtig ist, achtsam zu sein und die Signale/Gefühle zu nutzen und auch die Möglichkeit im Kopf zu haben, dass jemand Sie/Ihren Klienten verflucht haben könnte. Das Gefühl des »Nicht-Dürfens«, des Unglücklich-Seins oder Misserfolg können auf einen Fluch hinweisen.

Es tritt normalerweise nur dann auf, wenn starke Systemgesetz-verletzungen zwischen Ihnen und der Person vorliegen und die Person ohnmächtig oder voller Angst ist. Hier sollten Sie dann innerlich probieren, die Systemgesetzverletzungen und dann den Fluch aufzulösen, d. h. die Person nimmt dann den Fluch zurück.

Falls Sie/Ihr Klient eine Person verflucht haben sollten, so sorgen Sie mit der **Genea-Methode** dafür, dass Sie ausgeglichen kraftvoll + + sind und lösen Sie die Systemgesetzverletzungen möglichst mit der Person auf. Nehmen Sie dann den Fluch zurück. Sehen Sie noch das Leid, welches durch den Fluch entstanden ist und nehmen Sie die Wut darüber zurück. Genauso dann noch bei Ihren Nachfahren, falls vorhanden.

Achtsam für übernommene Lasten sein

Im meinem ersten Buch »Coachen und Führen mit System« finden Sie die Beschreibung über versehentliche Aufstellungen (S. 109 ff.). Es ist möglich, dass eine Person versehentlich und unbewusst für eine andere Person aufgestellt wird bzw. sich aufstellt und deren Gefühle übernimmt. Meine Erklärung dafür, wieso dieses geschieht, ist, dass eine versehentliche Aufstellung ein Signal darstellt. Dieses Signal weist auf ungelöste Systemgesetzverletzungen hin, die gelöst werden sollen.

Genauso zeigt die Erfahrung mit versehentlichen Aufstellungen, dass es möglich ist, Lasten wie Angst, Leid, Krankheit, Trauer, Wut und andere Gefühle (un)bewusst von anderen Personen zu übernehmen oder aber, dass die Lasten (un)bewusst übertragen werden. Hier sind nicht die Vorfahren gemeint, bei denen das Übertragen oder Übernehmen der Lasten/Dynamiken von den Nachfahren normal und üblich ist. Es geht hier um Partner, Freunde, Mitarbeiter, Chefs, Klienten und eben auch Personen, mit denen noch Systemgesetzverletzungen vorhanden sind.

Aus diesem Grund ist es sehr wichtig, achtsam zu sein und die Signale zu nutzen, die auftreten. Nicht alle Lasten und Dynamiken wie oben beschrieben gehören zu den Vorfahren, sondern es gilt auch zu prüfen, ob es übernommene Lasten von Personen außerhalb der eigenen Ahnen sind.

Übung: Lasten zurückgeben und zurücknehmen

Überprüfen Sie, wenn Sie oder Ihr Klient eine Last/Dynamik/Gefühl oder Signal verspüren und Sie/Ihr Klient es nicht bei den Ahnen auflösen können (s. hierzu Handlungsanleitung: »Dynamiken als Signal – Signalarbeit«), mit welchen Personen Sie oder Ihr Klient in der Zeit des ersten Auftretens des Signals in Kontakt waren.
Gibt es noch Systemgesetzverletzungen mit der Person?
Sind Sie noch wütend oder haben Sie/Ihr Klient Mitleid mit der Person?
Ist evtl. die Person noch wütend auf Sie/Ihren Klienten?

Probieren Sie/Ihr Klient nun innerlich, die Person mit deren Eltern hinter sich zu veranlassen, die Last oder Dynamik zurückzunehmen. War es eine versehentliche Aufstellung bzw. Lastübertragung, so wird die Last/Dynamik normalerweise zurückgenommen.

Lehnt die Person jedoch innerlich ab und die Last bleibt bei Ihnen bzw. Ihrem Klienten oder kehrt sofort zu Ihnen/Ihrem Klienten zurück, so ist die Frage, ob Sie/Ihr Klient Systemgesetzverletzungen bei der Person erzeugt haben. Dann gilt es, erst diese innerlich abzuarbeiten. Ist das möglich, werden die Lasten zurückgenommen.

Erklärungsversuch: Wieso wirken Dynamiken wie Nachfolge in den Tod, Flüche oder versehentliche Aufstellungen so stark?

Obwohl die Auswirkungen von Dynamiken und Signalen sehr negativ sein können (Krankheit, Angst oder andere negative Gefühle), so gehe ich davon aus, dass eine Dynamik ein wichtiges **Signal** dafür ist, dass Systemgesetzverletzungen aufgetreten sind und diese aufgelöst werden sollten. Werden die Systemgesetzverletzungen nicht aufgelöst, so ist das System geschwächt bzw. das Überleben des Systems ist in Gefahr. Wird jedoch die Dynamik als Signal erkannt und die Ursache dafür aufgelöst, so ist das Überleben verbessert.

KAPITEL 5: DYNAMIKEN ALS SIGNAL FÜR DIE PERSÖNLICHKEITSENTWICKLUNG

Alle Aussagen sind Erfahrungswerte aus inneren Aufstellungsarbeiten mit Klienten und von mir gesammelt. Keine der Aussagen ist beweisbar im wissenschaftlichen Sinne bzw. gilt immer. Dennoch ist es sehr hilfreich, so darüber nachzudenken bzw. sie anzuwenden.

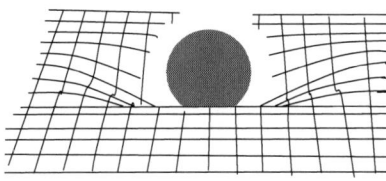

Jede Person in einem System (Familie, Organisation usw.) besetzt eine Stelle im Feld. Genauso wie ein Masseteil (z. B. die Sonne) die Raumkrümmung verändert und dadurch ein anderes Masseteilchen auf dem Vorbeiflug anzieht.

Ausgeschlossene – Recht auf Zugehörigkeit

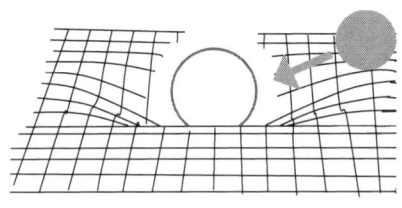

Ausgeschlossene – z. B. durch Hass, durch Nichtbeachtung (über diese Person darf nicht geredet werden, ...), Tote, die nicht mehr als Menschen gesehen werden → Die ausgeschlossene Person hinterlässt im Feld die gleiche Feldkrümmung, deshalb wird eine andere Person, meistens die Kinder bzw. später ins System Eingetretene diesen Platz besetzen, sie fallen hinein und zeigen gleiche Symptome wie der Ausgeschlossene. Außerdem führt dieser Ausschluss zur Schwächung der Kräfte der Ahnen, erzeugt ein Minus.

Nachfolgedynamik: »Hänsel & Gretel«-Effekt – Früher hat Vorrang vor später

»Hänsel & Gretel«-Effekt – Nachfolgedynamik durch Verstorbene – z. B. im Krieg Gebliebene, Vater, Mutter, älteres Geschwisterkind gestorben...

→ »Lieber sterbe ich als du!« (Folge: z. B. Sucht, Krebs, Depression, MS (autoimmun Krankheiten) – als versuchter Selbstmord; »Schuldgefühl« der Überlebenden)

Im »Hänsel & Gretel«-Effekt wirkt das vierte Systemgesetz »Früher hat Vorrang vor später« im Nachhinein. Waren früher ein Elternpaar und deren kleine Kinder (so klein, dass sie noch nicht ohne Eltern überleben bzw. keine eigene Familie gründen konnten) vom Verhungern bedroht, so wurden die Kinder in den Wald geschickt oder sogar gegessen. Dadurch erhöhte sich die Chance, dass die Eltern überlebten und neue Kinder bekommen konnten. (Das hört sich brutal an, aber wenn es ums Überleben ging, dann war es eben so!)

Noch heute wirkt dies. Stirbt beispielsweise die Mutter oder das ältere Geschwisterkind, dann kann es zu dieser Dynamik kommen. Das jüngere Kind meint unbewusst: »Wenn ich doch gestorben wäre, dann wäre meine Mutter oder mein älteres Geschwisterkind noch am Leben.«

Beispiele von Dynamiken

Voraussetzung zum Auflösen der Dynamiken sind die Kräfte der Ahnen (+ +), d. h. die Vorfahren sind jeweils starke, eng beieinander stehende Paare: ein Elternpaar, zwei Großelternpaare, vier Urgroßelternpaare usw.

Denn Dynamiken entstehen dann, wenn Systemgesetzverletzungen bei den Vorfahren nicht abgearbeitet wurden und noch eingefrorene Gefühle wie Leid, Trauer, Angst oder Wut vorhanden sind. Dieses schwächt die Vorfahren und dadurch auch die Nachfahren.

Die Dynamiken dienen als Signal und weisen auf diese Systemgesetzverletzungen hin.

In der folgenden Tabelle werden Dynamiken beschrieben, die in meinem Coaching und der Mediation aufgetaucht sind. Alle Beispiele und Beschreibungen sind reale Fälle, die aufgelöst werden konnten. Denn nur das, was wirkt bzw. gewirkt hat, ist in diesem Buch enthalten.

In der rechten Spalte wird auf das mögliche Bearbeiten der Dynamik hingewiesen »Vorgehen zum Auflösen → Zusatz A–Q«. Den Zusatz A–Q finden Sie weiter vorne im Kapitel.

Dynamik	Mann oder Frau haben zu wenig Kräfte
Ursache	Kräfte der Ahnen fehlen, da die Eltern kein Paar sind (geschieden, Rosenkrieg usw.) Als Kind hat die Person noch alle Kräfte und die Eltern stehen als starkes Paar hinter der Person. Durch Systemgesetzverletzungen wie Mobbing, Verlust eines Elternteils usw. ist Leid und Wut entstanden, was die Person nicht abgearbeitet hat und deshalb die Kräfte/Energie eingefroren ist.
Folge	Schwierige Paarbeziehungen, Kinder zwischen Eltern, Schwierigkeiten als Führungskraft, wenig Selbstbewusstsein oder Urvertrauen ...
Vorgehen zum Auflösen → Zusatz	Kräfte der Ahnen

Dynamik	Ausschluss
Ursache	z. B. Großvater ist im Krieg geblieben, Verlobter wurde abgelehnt, da nicht standesgemäß genug, Fehlgeburt oder Abtreibung, zur Adoption weggegeben, oder es wird nicht mehr über die Personen geredet.

Folge	Gleiches Schicksal bzw. Platz einnehmen. Wird ein Vorfahre innerlich als Toter oder Kranker gesehen oder gar nicht wahrgenommen, so wirkt es energetisch als Ausschluss – wichtig ist es, seine Vorfahren als lebendige kraftvolle Personen zu sehen, am besten in dem Alter, als sie ihre Kinder gezeugt haben.
Vorgehen zum Auflösen → Zusatz	C, D, I, J

Dynamik	**Nachfolgedynamik: Hänsel & Gretel-Effekt**
Ursache	Eltern- oder Großelternteil oder älteres Geschwisterkind gestorben, als jüngeres Geschwisterkind noch Kind war. Kann auch bei Abtreibung oder Fehlgeburt eintreten. Systemgesetz 4 »Früher hat Vorrang vor später«
Folge	Nachfolgen wollen – »Wäre ich doch gestorben, dann wärst du noch am Leben« (Sucht, Tod, Selbstmord, Unfall, Krankheit, Magersucht, Depressionen als mögliche Hinweise darauf)
Vorgehen zum Auflösen → Zusatz	H

Dynamik	**Angst** Verlassenheitsangst – Gegenteil Heimweh, Versagensangst, Existenzangst, Todesangst
Ursache	Verlust einer lieben Person, Verhungern, Krieg, Scheitern
Folge	...Ängste, die ein Vorfahre erlebt und nicht verarbeitet hat, können auf ein Kind oder Enkel übergehen
Vorgehen zum Auflösen → Zusatz	I

Dynamik	Loyalitäten/Erlaubnis **Siehe dazu: Signale und Körpersymptome**
Ursache	z. B. Großeltern haben im Krieg alles verloren
Folge	Darf es mir besser gehen oder muss ich das gleiche Schicksal erleiden? (Erfolg im Beruf oder in Paarbeziehung wird unbewusst sabotiert, kann darauf hinweisen) Erlaubnis vorhanden? – für Erfolg, glücklich sein, Sexualität leben, Gesund sein, aggressiv sein, ... Darf ich ...? Oder muss es mir genauso ergehen wie den Vorfahren? Ich darf nicht ... – ich muss immer ... – sieht wie ein Schatten aus, es hat hier aber einen anderen Ursprung.
Vorgehen zum Auflösen → Zusatz	G

Dynamik	»Schuld«-Gefühl
Ursache	z. B. unterlassene Hilfeleistung; jemanden im Krieg umgebracht; bester Freund umgekommen und der Klient nicht oder Ausnutzung einer Schwäche (z. B. Notversteigerung eines Hauses) usw.
Folge	Gefühle der Schuld, Schwächung der Kräfte, Unglück im ersteigerten Haus oder Probleme beim Hausverkauf
Vorgehen zum Auflösen → Zusatz	D

Dynamik	Platonische Liebe
Ursache	Ein Vorfahre z. B. Mutter ist gestorben, als der Sohn noch jünger als 14 Jahre alt war. Die Verlassenheitsangst oder Sehnsucht des Sohnes nach seiner Mutter wurde nicht abgearbeitet. Das Kind des Sohnes, also das Enkelkind kann diese Gefühle übernehmen.

Folge	Das Enkelkind sucht sich unbewusst eine Partnerin, die aussieht wie die Großmutter, um die Sehnsucht zu stillen. Da eine Verlassenheitsangst besteht, darf sich das Enkelkind nicht wirklich auf die Partnerin einlassen, sondern es darf nur eine platonische Liebe bleiben.
Vorgehen zum Auflösen → Zusatz	Kräfte der Ahnen, H,I

Dynamik	Starke Gefühle, die wie ein Dämon auftreten
Ursache	Systemgesetzverletzungen bei den Vorfahren, die nicht abgearbeitet wurden und an die Nachfahren weitergegeben wurden.
Folge	Neben Ängsten können noch andere Gefühle (z. B. Ohnmacht, Wut, Eifersucht, Pessimismus) auftauchen, die mit der Person anscheinend nichts zu tun haben und die immer mal wieder ohne äußeren ersichtlichen Grund auftauchen und sie fesseln → Signal, die Dynamik bzw. den Grund für das Gefühl aufzulösen.
Vorgehen zum Auflösen → Zusatz	D, I

Dynamik	Lieblings-Märchen oder Lieder
Ursache	Systemgesetzverletzungen wie »die böse Schwiegermutter« usw. werden oft in Märchen beschrieben.
Folge	Märchen oder Lieder weisen oft auf Systemgesetzverletzungen hin, die bei den Vorfahren passiert sind, z. B. Hänsel und Gretel. Welche sind Ihre Lieblingsmärchen oder Lieder? Wo deuten sie evtl. hin?
Vorgehen zum Auflösen → Zusatz	A–Q

Dynamik	Erste Bindung bleibt die stärkste
Ursache	Die erste Paarbeziehung, in der eine neue Familie hätte gegründet werden können, bleibt die stärkste Bindung. (Bindung heißt nicht Liebe.) Wird diese erste Bindung aufgelöst und es gibt noch Wut und Trauer, so bindet diese Energie im Negativen. Man ist nicht frei.
Folge	Kein volles Einlassen auf eine neue Partnerschaft möglich. Frühere Probleme in der vorherigen Partnerschaft treten auch hier auf, obwohl man alles besser machen wollte. Versehentliche Aufstellung bzw. vergifteter Platz.
Vorgehen zum Auflösen → Zusatz	J

Dynamik	Adoption
Ursache	Die Kräfte erhält man von seinen leiblichen Eltern, die Adoptiveltern erziehen und brauchen einen Ausgleich dafür, dass sie die Verantwortung übernommen haben.
Folge	Wut des Adoptivkindes auf die Adoptiveltern. Nicht genügend Kraft und Energie bzw. Urvertrauen beim Adoptivkind.
Vorgehen zum Auflösen → Zusatz	Kräfte der Ahnen – Leibliche Eltern finden bzw. innerlich finden, A, C

Dynamik	Reihenfolge falsch (»Früher vor später« oder Verantwortung)
Ursache	z. B. Kinder vertauscht oder Kinder stehen über Eltern
Folge	Schwierigkeiten bei einer Unternehmensnachfolge
Vorgehen zum Auflösen → Zusatz	Kräfte der Ahnen

Dynamik	Frühe Trennung von der Mutter
Ursache	Wird ein Kind in den ersten beiden Lebensjahren für längere Zeit von seiner Mutter getrennt, kann es zu einem Mangel an Kraft oder Liebe kommen.
Folge	Als Erwachsener wird die Mutter ein Stück abgelehnt und es wird probiert, diesen Mangel an Kraft und Liebe vom Partner zu bekommen – was aber nicht geht!
Vorgehen zum Auflösen → Zusatz	Empowering, A, I

Dynamik	Missbrauch in der Familie
Ursache	Sind die Eltern kein Paar, so übernimmt oft das Kind eine Partnerrolle.
Folge	kann zu sexuellem oder anderen Missbrauch führen
Vorgehen zum Auflösen → Zusatz	Siehe den Lösungsweg (Freud und Missbrauch) Q

Dynamik	»Trümmerfrau« – Verantwortung/Kraft übernommen
Ursache	Eine ausgeglichene Frau verliert ihren Mann im Krieg.
Folge	Dadurch übernimmt sie die volle Verantwortung für die Familie → nach außen sieht sie hart aus, da Überleben wichtiger ist und sie ihr Leid/Gefühle abdeckt (++, -). Kann auch in unausgeglichenen Paarbeziehungen auftreten.
Vorgehen zum Auflösen → Zusatz	F, A

Dynamik	Versehentliche Aufstellung
Ursache	Ausschluss oder eingefrorene Gefühle wie Leid und Wut will ein System nicht. Es kann zu einem vergifteten Platz und einer versehentlichen Aufstellung kommen, damit diese Systemgesetzverletzung aufgelöst wird.

Folge	Übernimmt eine Person im System den Platz einer anderen Person, so spricht man von einer versehentlichen Aufstellung (s. Ausschluss oder Hänsel & Gretel-Effekt)
Vorgehen zum Auflösen → Zusatz	C, D, H, I, J

Dynamik	Haus kann nicht verkauft werden
Ursache	Wurde ein Haus von den Vorfahren durch Ausnutzung einer Schwäche des Eigentümers z. B. Versteigerung oder »unrechtmäßig« z. B. Vertreibung der Juden erworben,
Folge	so kann es beim Verkauf zu Problemen kommen, da noch etwas Altes an dem Haus hängt, was aufgelöst werden soll.
Vorgehen zum Auflösen → Zusatz	D, G, O

Dynamik	Ausgeschlossener früherer Verlobter
Ursache	Wurde eine Liebesbeziehung durch äußere Gründe getrennt, z. B. im Krieg oder weil der Verlobte nicht standesgemäß für die Eltern war und sie es deshalb verboten haben und wird dieser Verlobte dann ausgeschlossen,
Folge	dann kann es zu Ausschlussdynamiken kommen. Das Kind ereilt das gleiche Schicksal, indem es in der Partnerschaft bis zur Verlobung kommt, aber vor der Heirat die Beziehung endet.
Vorgehen zum Auflösen → Zusatz	K

Dynamik	Blockade bei einer bestimmten Sprache z. B. Englisch
Ursache	Beispiel: Im Krieg ist durch einen deutschen Soldaten ein Engländer umgekommen. Diese »Schuld« wird an den Sohn weitergegeben, der sich vor den Engländern bzw. dem Englischem verstecken muss.
Folge	Trotz des Wollens gelingt es nicht, die Sprache angstfrei und kompetent zu können.
Vorgehen zum Auflösen → Zusatz	D, G

Dynamik	Unerfüllter Kinderwunsch
Ursache	Die beiden Partner mit einem Kinderwunsch sind kein starkes Paar, d. h. der eine ist zu hart, der andere zu weich.
Folge	Wünscht sich ein Paar erfolglos Kinder und es gibt keine körperlichen Hindernisse dafür, so kann es sein, dass das unbewusste System meint: Es ist besser für das Paar, keine Kinder zu bekommen, da es sonst zu Problemen mit Kind kommen könnte, da nicht beide die vollen Kräfte haben. Oft führt ein Kind bei nicht starken Paaren zu einer Trennung.
Vorgehen zum Auflösen → Zusatz	Kräfte der Ahnen

Dynamik	Leidenschaften
Ursache	Ausschluss oder Verbrechen im Krieg. Bsp.: Ein Gutsherr hat auf seinem Gut oder Schloss eine Magd geschwängert, sie aber nicht geheiratet. Der Gutsherr als Vater des Kindes ist nicht in Erscheinung getreten, also liegt ein Ausschluss vor.

Folge	Treten Leidenschaften auf, z. B. die Leidenschaft für Schlösser (Burgen) oder für ein bestimmtes Land oder jede mögliche Literatur über den Krieg, so kann die Ursache in der Ahnenreihe zu finden sein. Diese Leidenschaft ist der Versuch des Systems, dass die Person sich mit dem dahinterliegenden Problem beschäftigen soll, z. B. um den Ausschluss des Gutsherrn aufzuheben.
Vorgehen zum Auflösen → Zusatz	Kräfte der Ahnen, C, D

Dynamik	Immer wiederkehrende Probleme bei der Arbeit z. B. mit dem Chef
Ursache	Elternpaar nicht kraftvoll. Probleme mit dem Vater, z. B. kann er nicht richtig anerkannt werden, weil er zu hart oder zu weich ist.
Folge	Oft bilden sich Probleme oder Dynamiken aus dem Vorfahrensystem in der Arbeitswelt ab. Gibt es z. B. Probleme mit der Vaterbeziehung, so sucht man sich oft unbewusst einen Chef, mit dem man die gleichen Probleme hat. Diese Probleme sind das Signal des Systems, die Eltern stark zu bekommen und die Beziehung zum Vater zu klären. Danach verändert sich die Beziehung zum Chef ebenfalls.
Vorgehen zum Auflösen → Zusatz	Kräfte der Ahnen

Dynamik	Dissoziation von seinen Gefühlen
Ursache	Zu viel Wut, Angst, Leid, Trauer sind entstanden. Um damit leben zu können, werden diese Gefühle gedeckelt.

Folge	Die oben genannten Dynamiken, falls sie nicht gelöst bzw. abgearbeitet werden, können dazu führen, dass ein Mensch sich von seinen Gefühlen bzw. inneren Bildern trennt, damit er überleben kann und nicht ständig die Gefühle, die hinter der Dynamik stehen bzw. Wut und Trauer, erleiden muss. Oft treten die Gefühle der Dynamik dann unverhofft und ohne ersichtlichen Grund auf → Signal, die Dynamik aufzulösen.
Vorgehen zum Auflösen → Zusatz	A, B, C, D, E, I

Dynamik	**Wut (eingefrorene Energie)**
Ursache	Systemgesetzverletzungen und oben genannte Dynamiken führen dazu, dass Aggressionen entstehen. Werden diese nicht ausgelebt, wird diese Aggression umgewandelt in Wut.
Folge	Die zeigt sich z. B. dann, wenn das Fass voll ist und es zu einer Explosion kommt. Oder diese Wut richtet sich gegen die eigene Person, z. B. Muskelverspannungen oder Krankheit (von Wut zerfressen, ich könnte vor Wut platzen, z. B. Bluthochdruck).
Vorgehen zum Auflösen → Zusatz	A, B

Dynamik	**Trauer, Angst, Ohnmacht (eingefrorene Energie)**
Ursache	Wenn zu viel Wut vorhanden ist, kann sie umgewandelt werden in Trauer, Angst oder Ohnmacht, damit die Wut gedeckt wird.
Folge	Die Trauer, Angst oder Ohnmacht umwandeln in Wut und von den Verursachern zurücknehmen lassen. Dann wird aus Trauer ein Traurig-Sein und aus Angst ein Ängstlich-Sein.
Vorgehen zum Auflösen → Zusatz	A, B, I

Dynamik	Last
Ursache	Unbewusste Übernahme von Lasten wie Verantwortung, Leid, Wut, Trauer, Angst, Hänsel & Gretel-Effekt...
Folge	Eine Last kann eine Dynamik sein, die man erhält bzw. unbewusst übernimmt. Sie raubt Energie und schwächt.
Vorgehen zum Auflösen → Zusatz	A, B Kräfte der Ahnen

Dynamik	Verschiebung der Wut
Ursache	Verlust des ältesten Sohnes im Krieg
Folge	Wut gehört zum Verursacher. Oft kommt es vor, dass die Wut sich gegen die falsche Person richtet. Z. B. wenn der älteste Sohn im Krieg geblieben ist und der Vater wütend auf den jüngeren Sohn ist (wieso der Ältere und nicht du?) oder der Sohn ist wütend auf seinen Vater, weil er im Krieg geblieben ist – die Wut gehört aber zum Verursacher des Krieges (Symbol für Verursacher finden lassen).
Vorgehen zum Auflösen → Zusatz	C, D, E

Dynamik	Tod
Ursache	
Folge	Der Tod einer Person kann viele der oben genannten Dynamiken auslösen!
Vorgehen zum Auflösen → Zusatz	A, C, D, E, G, H, I, P

Handlungsanleitung: Dynamiken als Signal – Signalarbeit

Treten Signale, Gefühle, Ereignisse, Träume, Ängste oder Symptome immer wieder oder auch zum ersten Mal auf, so sind folgende Fragen hilfreich:

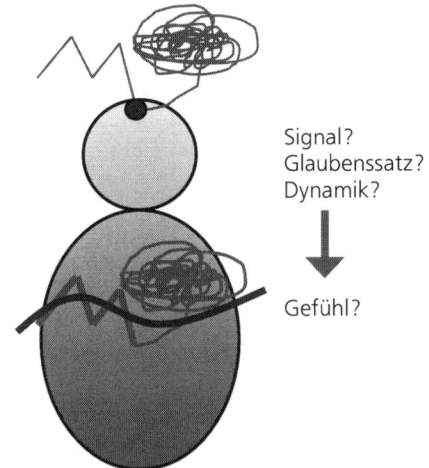

Signal?
Glaubenssatz?
Dynamik?

Gefühl?

1. Was ist das Signal? Wie ist das Gefühl dazu? Wie würden Sie die Dynamik bezeichnen?

2. Das tieferliegende dazugehörige Gefühl finden:
*Wer sind Sie dann, wenn das Signal/die Dynamik auftritt? Bitte sagen Sie einen Satz, der mit: **Ich bin ...** anfängt. Welcher Satz mit »Ich bin ...« würde dieses Gefühl noch verstärken?*
Solange weiterfragen, bis eine klare Aussage und ein klares Gefühl vorhanden sind. Dieses Gefühl ist normalerweise nicht angenehm, deshalb dann möglichst zügig die nächsten Schritte durchführen.

3. *Schauen Sie bitte Ihre Vorfahren innerlich an. Wo gehört dieses Signal bzw. tieferliegendes Gefühl hin?*
Wer kennt es auch?
Wer meldet sich?
Ist es die Vaterseite oder Mutterseite oder beide Seiten? Wohin leitet es Sie?
Wie weit in den Generationen (Eltern, Großeltern, Urgroßeltern ...) geht es zurück?
Wann war es noch gut?

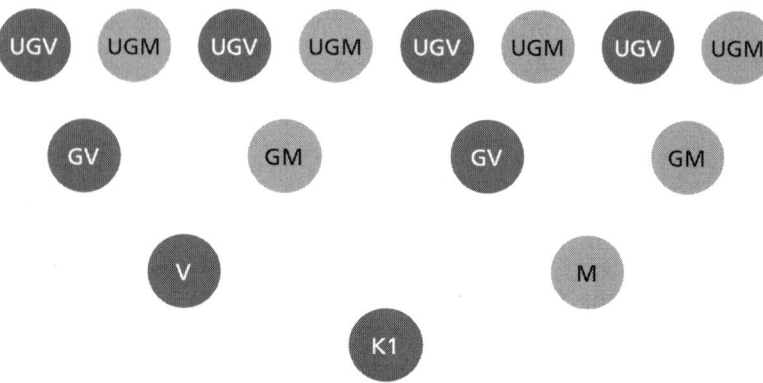

4. Ist nun bekannt, bei welchem Vorfahren bzw. Vorfahrenpaar diese Dynamik entstanden ist, so gehen Sie bitte zeitlich vor den Entstehungszeitpunkt des Leides und der Wut (Systemgesetzverletzung), worauf das Signal bzw. die Dynamik hindeutet und entstanden ist. Also – zu dem Zeitpunkt, an dem es noch gut bei Ihren Vorfahren ist/war.

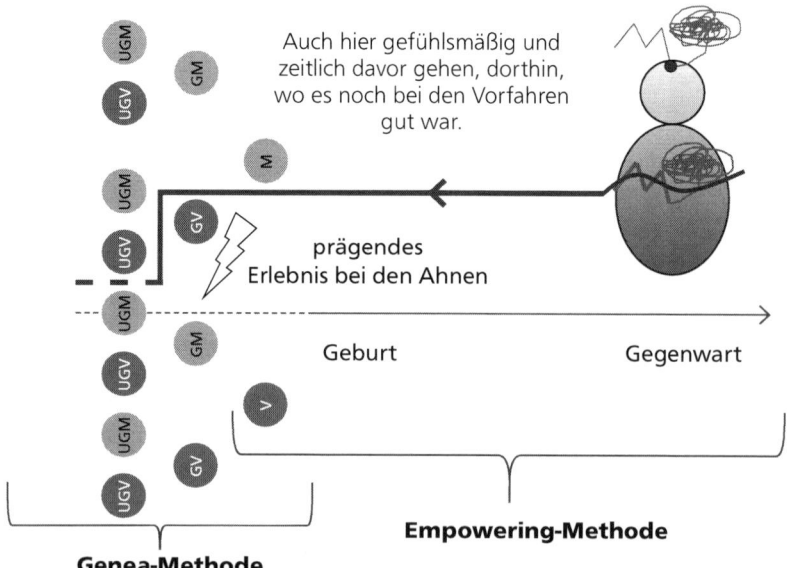

5. Ist dieser Zeitpunkt gefunden, wird die Ahnenarbeit wie oben beschrieben durchgeführt.

Beispiele von Krankheiten/Symptomen als Hinweis auf Dynamiken

In meiner Arbeit als Coach sind mir folgende Symptome oder Krankheiten begegnet, die einen direkten Bezug zu Dynamiken aus dem Vorfahrensystem des Klienten hatten und dort gelöst werden konnten.

D. h. aber nicht, dass jede unten aufgeführte Krankheit oder Symptom ihre Ursache im Vorfahrensystem hat, sondern es gibt viele andere mögliche Ursachen (s. Ökologiefragen). Deshalb bitte folgende Liste als mögliches KANN ansehen und individuell überprüfen!

Symptome oder Krankheiten sind in meiner Sichtweise genauso wie die anderen weiter oben genannten Dynamiken **Signale des Unbewussten,** damit eine Systemgesetzverletzung wie Ausschluss und die dazugehörige Wut usw. aufgelöst wird.

Einige der Dynamiken können auch schon auftreten, wenn es im Beruf oder der privaten Beziehung zu Systemgesetzverletzungen kommt. Aber selbst dann gibt es in den meisten Fällen eine weitere Verbindung zu den Vorfahren.

Symptom/Krankheit	Dynamik und Beschreibung
Magenprobleme, z. B. Magengeschwür, Magenschmerzen, Krebs, ...	Wut – von Wut zerfressen Angst – Die Angst schlug ihm auf den Magen Trauer – In einem Fall hatte der Neffe das Magenleiden von der Tante übernommen. Die Tante hatte den Tod ihres Mannes nicht verarbeitet und ihre Trauer hatte sich als Ort den Magen gesucht. Der Neffe hatte ein sehr gutes Verhältnis zur Tante, so dass er die Last mitgetragen hat.

Symptom/Krankheit	Dynamik und Beschreibung
Brust-, Gebärmutter-, oder Eierstockkrebs, Menstruationsstörungen, ...	Frau-Sein dürfen?, Verhältnis zur Mutter (trotzdem die Eltern als Paar sehen) klären, weibliche Kraft ist zu gering. Moralvorstellungen bzw. Einfluss der Kirche. Der Vater wollte einen Sohn und bekam eine Tochter → die Tochter muss »Sohn« sein.
Bulimie, Magersucht, ...	Nicht Frau-Sein wollen/dürfen oder auch nicht leben wollen, z. B. Nachfolgedynamik in den Tod oder Missbrauch in der Familie oder Großeltern im Krieg verhungert.
Sucht, Depression ...	Dissoziation von seinen Gefühlen. Ist zu viel Last wie Wut, Trauer, Angst bei den Vorfahren und wurde diese weitergegeben, so haben viele Angst davor und bauen deshalb um diese Gefühle einen Panzer bzw. gehen in die Sucht, um diese Gefühle abzutöten.
Jegliche Krebserkrankung, Krebs bei Kindern, Sucht, versuchter Selbstmord, Depression, Multiples Sklerose, andere Autoimmunerkrankungen, Unfälle, ...	Nicht leben wollen. Lieber sterbe ich, dann wärst du noch am Leben – Hänsel & Gretel-Effekt, z. B. weil ein älteres Geschwisterkind durch Krankheit gestorben ist oder Fehlgeburt oder Abtreibung; Nachfolgedynamik zu früheren Generationen (Eltern oder Großeltern). Oder weil der Vater als Einziger aus dem Krieg wiedergekommen ist und seine Kameraden alle umkamen.
Herzprobleme, ...	Trauer – ihm wurde das Herz gebrochen, Herzschmerz, z. B. wenn ein Vorfahre, ein Ehepartner oder ein Kind gestorben ist oder wenn der Verlobte verbannt wurde Wut – Bluthochdruck Angst – Herzrasen
Asthma, Lungenprobleme, Lungenkrebs, ...	Angst, z. B. im Krieg war ein Vorfahre verschüttet, Giftgas im Ersten Weltkrieg, vom Panzer überrollt worden.

Symptom/Krankheit	Dynamik und Beschreibung
Ausscheidungsprobleme, …	Angst, welche sich auf den Verdauungstrakt auswirkt. Probleme beim Wasserlassen können die gleiche Ursache, nämlich Angst, haben, z. B. auf der Flucht sein.
Jegliche Form von Krebs, Muskelverspannungen, Bluthochdruck, Migräne oder Depression, Trauer, Angst, Leid, …	Zurückgehaltene oder umgewandelte Wut, dadurch Schwächung des Immunsystems
Augen- und Ohrenprobleme, Tinnitus, …	Zurückhalten von Trauer – z. B. Weinen oder Angst – ich kann den Schrecken z. B. Kriegsgreuel nicht mehr mit ansehen und hören, Nachfolgedynamik.
Sexualprobleme, z. B. frühzeitiger Samenerguss oder Sexualität wird abgelehnt	Keine Erlaubnis dafür haben, z. B. weil der Großvater im Krieg bei Vergewaltigungen beteiligt war. Oder weil der Vater gezeugt wurde und dieser Akt für die Großmutter wie eine Vergewaltigung war, da sie in dem Moment nicht wollte, der Mann aber sein »Recht« eingefordert hat. Oder Moralvorstellungen (z. B. Kirche) müssen eingehalten werden – keine Erlaubnis.
Depression	Wie das Wort es schon ausdrückt: De – Press. Es liegt ein hoher innerer Druck wie Wut oder Trauer oder Angst vor, der unterdrückt (De-) werden muss. Ursachen s. o. unter Wut, Trauer und Angst

Symptom/Krankheit	Dynamik und Beschreibung
Gewichtsproblem Zu dick Zu dünn	Zu dick: Angst vor dem Verhungern (im Krieg, auf der Flucht oder weil in der Familie nicht darauf geachtet wurde, dass jeder am Tisch genügend bekam) Zu dünn: Das gleiche Schicksal erleiden wie ein Vorfahre, der z. B. verhungert ist oder im KZ war. Oder ein Vorfahre ist dafür verantwortlich, dass jemand verhungert ist oder im KZ war, so kann es dafür stehen, dass dieses aufgedeckt wird und der Vorfahre dafür die Verantwortung übernimmt. Beides kann auch dafür stehen, dass für eine Beziehung oder Sexualität keine Erlaubnis von den Vorfahren besteht und es dadurch zu einem Beziehungsabbruch kommt.
Erschöpfungssyndrom	Kann ähnliche Ursachen wie eine Depression haben. Beispiel: Der Vater war ein uneheliches Kind, seine Mutter wurde deshalb von ihren eigenen Eltern beschimpft und ausgeschlossen. Diese Systemgesetzverletzung hat das Enkelkind übernommen.
Haltungsprobleme z. B. Knieschmerzen, Rückenprobleme, Hüftprobleme, Schulterschmerzen, ...	Die Kraft (Schwert- und Herzseite) ist zu gering da. Nicht genug Vertrauen, seinen Weg ins Leben zu gehen. Oder: Angst vor der Zukunft, nicht ausgelebte Wut
ADS und ADHS	Nicht Aufmerksamkeitsdefizitsyndrom, sondern Anerkennungs-... Sind die Eltern kein Paar, so erhält das Kind nicht genügend Anerkennung, Wärme (Zugehörigkeit) und Kräfte. Staut sich beim Kind Wut und Trauer dadurch auf, so zeigt sie sich z. B. in Hyperaktivität, Sucht, Depression oder Aggressivität. Bei ADHS steht das H für Hyperaktivität.

Symptom/Krankheit	Dynamik und Beschreibung
Nägelkauen	Zurückgehaltene Wut. Fresse sie in mich hinein. Fingernägel als Angriffs- und Verteidigungswerkzeug werden gestutzt. Fehlende Erlaubnis, aggressiv sein zu dürfen. Eine Last für die Eltern tragen, die ihre Wut nicht ausleben konnten.
...	...

In meiner Arbeit tauchen immer wieder neue Dynamiken auf, so dass sich diese Liste laufend erweitert.

Sind nun die Ahnen ausgeglichen kraftvoll, so muss noch diese neue Ressource in die eigene Lebensgeschichte und das Hier und Jetzt gebracht werden, damit das Neue stabil bleiben kann. Wird dieses nicht gemacht, so ist die Gefahr groß, dass das Alte und die alten Verletzungen wieder hochkommen und die Signale und Dynamiken wieder auftauchen. Sehen Sie dazu den Hinweis »Hausaufgaben nach der Genea-Methode«.

Im folgenden Kapitel wird beschrieben, wie diese Stärkung des eigenen Lebens durchgeführt wird. Dazu stelle ich die von mir weiterentwickelte **Empowering-Methode** vor.

KAPITEL 6: EMPOWERING-METHODE, ZEITLICH NACH DER GENEA-METHODE

Die **Empowering-Methode** wird genutzt, um prägende Erlebnisse aus der Vergangenheit neu zu erleben und neue Handlungsweisen, Gefühle und Überzeugungen zu erhalten. Mit Hilfe der **Genea-Methode** werden Systemgesetzverletzungen bei den Ahnen abgearbeitet. Dieses führt dazu, dass die Vorfahren und die Person, die die Themen abarbeiten, wieder in ihre Kräfte und Energien kommen konnten.

**Empowering-Methode: Potenzialarbeit –
den eigenen Schatten aufhellen**

Schritt 1: Das Thema finden

Fragen, um den Schatten aufzudecken:

- Gibt es Themen, die Sie z. B. in Gesprächen usw. vermeiden?
- In welchen Situationen sind Sie nervös, überempfindlich bzw. gehen in eine Abwehrhaltung?
- Welche Art von Bemerkungen bringt Sie auf die Palme (lassen Sie total verstummen)?
- Unter welchen Umständen haben Sie das Gefühl, unterlegen zu sein oder nicht genügend Selbstvertrauen zu besitzen?
- In welchen Situationen schämen Sie sich? Auf welchem Gebiet haben Sie panische Angst davor, eine Schwäche zu zeigen?
- Was würden Sie nie oder nur äußerst ungern tun?
- Was können/dürfen Sie nicht tun, selbst wenn Sie sollten (z. B. wütend werden)?

Schritt 2: Den Schatten benennen

Zwei Arten von Antworten tauchen in den meisten Fällen auf:

1. **Ich darf nicht** ... z. B. aggressiv sein, usw. Hier wird der Schatten sofort benannt.
2. **Ich muss** ... z. B. immer lieb sein usw. Die Beschreibung, die hier auftaucht, ist nicht der Schatten, sondern erst die Umwandlung in den Satz »Ich darf nicht...« gibt dem Schatten einen Namen.

Beispiel: Ich muss immer nett sein → Umwandlung in: Ich darf nicht **gemein sein.** »Gemein sein« ist dann der Schatten.

Schritt 3: Potenzialarbeit

Der wichtigste Schritt zum Bearbeiten seines Schattens ist es:

> ihn zu benennen
> ihn aus der Dunkelheit ans Licht zu holen
> anerkennen, was ist.

Einige folgende Formate arbeiten mit beiden Teilen: »Ich darf nicht... – Ich muss...« Deshalb beide Teile/Aussagen herausarbeiten.

Schritt 4: Weitere Integrationsansätze

Umdeuten/Ökologie-Check
Lassen Sie Ihren Klienten Situationen/Kontexte finden:
a. in der die abgelehnte Ressource angemessen/sinn- und wert-
   voll ist
   (*Wann ist es total gut/wichtig, distanziert sein zu können?*)
b. die bisher bevorzugte Ressource eher unangemessen wirkt
   (*Wo und wann ist warmherzig sein eher keine Hilfe?*)

Empowering und Ahnenarbeit

Wie oben in der **Empowering-Methode** beschrieben, ist ein Schatten ein **Prägungserlebnis**, meistens aus der Kindheit. Dieser Schatten lässt sich mit der **Empowering-Methode** auflösen, wenn es ein
Gefühl eines zeitlichen Davors gibt, d.h. der Schatten ist dann irgendwann als Prägung entstanden.

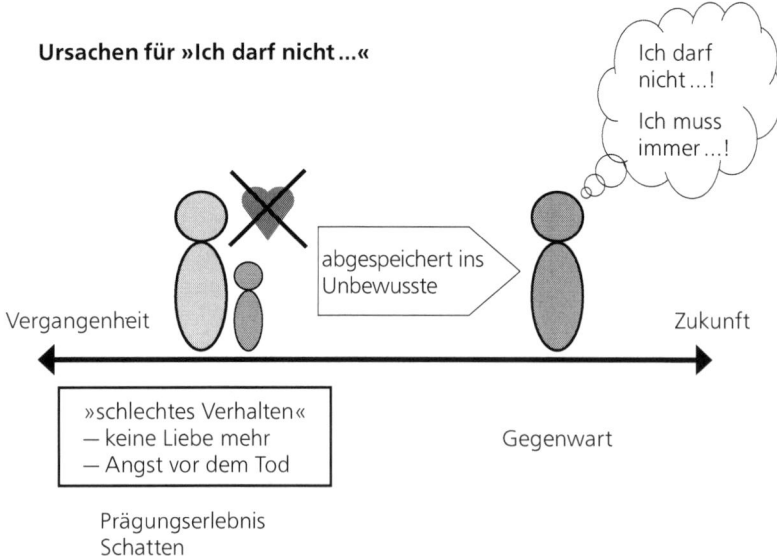

ODER

Es ist eine Dynamik, die von den Vorfahren
kommt, z. B. Loyalität (gleiches Schicksal
erleiden wollen, nachfolgen wollen usw.)

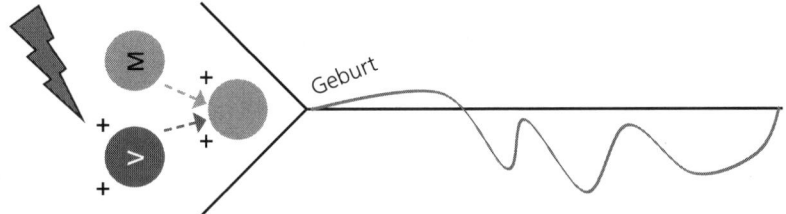

Ist der Schatten **nicht als Prägung** entstanden, sondern dieses Gefühl begleitet die Person schon das ganze Leben, so lässt sich dieses »Nicht-dürfen« durch die **Genea-Methode** auflösen. Dazu wird die Signalarbeit für Dynamiken, die weiter oben beschrieben wird, genutzt, um den Ursprung zu finden.

Empowering und Systemgesetzverletzungen gemeinsam mit dem Konfliktpartner auflösen

In dem bislang beschriebenen Vorgehen der **Genea- und Empowering-Methode** wurde innerlich gearbeitet und die jeweiligen Verursacher oder Konfliktpartner waren real nicht dabei. Steht der Verursacher, z. B. ein früherer Lehrer, Chef oder Lebenspartner zur Zweierarbeit nicht zur Verfügung, so lässt sich das unten beschriebene Vorgehen auch innerlich durchführen. Dabei müssen trotzdem die vier genannten Voraussetzungen erfüllt sein. Sind sie erfüllt, so lässt sich dadurch auch innerlich einiges auflösen.

Sind die Voraussetzungen, wie beispielsweise stark genug (+ +) sein, nicht beim Verursacher erfüllt, so kommt es zu keiner wirklichen Auflösung. Möglich ist aber dann die Erkenntnis, welchen Anteil der Klient selbst an dem Konflikt hat. Ist der Klient gestärkt + + durch seine Ahnen und er erkennt, dass er z. B. selbstbewusster

Grenzen hätte setzen müssen oder diese Beziehung hätte gar nicht eingehen dürfen, so trägt er dafür und seine Ahnen und die Verursacher der Systemgesetzverletzungen bei den Ahnen eine Mitverantwortung. Dieses Leid muss dann von den Vorfahren und den Verursachern gesehen werden und die Wut dafür genommen werden. Dann lässt sich die Wut des Klienten auf den Konfliktpartner in Richtung auf seine eigenen Vorfahren umlenken. Oft ist es dann möglich, dass der Konfliktpartner, wenn er nicht mehr alle Wut abbekommt bzw. für alles verantwortlich gemacht wird, stärker wird und das Leid sehen und seinen Anteil der Wut nehmen kann.

Ist der Konfliktpartner trotz dieses Vorgehens weiterhin nicht stark genug, so lässt sich diese Verletzung auch nicht innerlich auflösen. Da wir ja nicht die Ahnenreihe des Konfliktpartners bearbeiten, damit er stärker wird, muss mit dieser Verletzung gelebt werden. Das ist die Grenze dieses Vorgehens.

Am besten ist es jedoch, folgende beschriebene Konfliktklärung real mit dem Konfliktpartner durchzuführen.

Damit Systemgesetzverletzungen aufgelöst werden können, sind folgende **Voraussetzungen** nötig:

- Der Auslöser oder Verursacher muss bekannt sein.
- Es muss eine Zeit geben, in der beide sagen können, es war mal gut (also Respekt war vorhanden = wertschätzende Haltung ist möglich). Es muss die erste Ursache bekannt sein.
- Der Verletzte und der Auslöser müssen genügend ausgeglichen kraftvoll sein.
- Sprachlich richtiges Vorgehen (keine Vorwürfe oder Rechtfertigung)

Ist der vorletzte Punkt, dass beide kraftvoll genug sind, nicht erfüllt, so wird mit Hilfe der **Genea-Methode** dafür gesorgt, dass der Konfliktpartner ausgeglichen kraftvoll + + wird.

Ist diese Voraussetzung erfüllt, geht es nun darum, die sprachlichen Bedingungen zu erfüllen. Dazu wird eine wertschätzende Haltung der Konfliktpartner benötigt, die sich durch die Voraussetzung »Es war mal gut« finden lässt.

Vorgehen:

Erste Systemgesetzverletzung auflösen:
- Aus einer wertschätzenden Haltung beschreibt der Verletzte A die Situation bzw. das Verhalten des Auslösers B möglichst objektiv – ohne Vorwurf.
- Der Verletzte A beschreibt und zeigt sein Körpergefühl, d. h. sein Leid – ohne Interpretation. »Mein Bauch tat weh, ich hatte Herzrasen, ...«
- Der Auslöser B erkennt das Körpergefühl, das Leid an, indem er selber mitfühlt und Folgendes aus der richtigen Haltung heraus sagt: »Es tut mir leid, dass bei Dir/Ihnen diese verletzten Gefühle entstanden sind, es war nicht meine Absicht.« Dadurch löst sich die Verletzung, das Leid auf.
- Der Auslöser B spricht nicht über sein Verhalten oder seine für ihn positive Absicht hinter dem Verhalten, da es meistens als Rechtfertigung ankommt.
- Der Auslöser B nimmt, wenn noch nötig, die Wut für die erste Verletzung zurück.

Mit diesem Vorgehen wird die erste Systemgesetzverletzung aufgelöst. Um die nächste Verletzung, die oft eine Folge der ersten Verletzung ist, auflösen zu können, muss das Neue in den Prozess kommen. Wenn nicht, so wird die Person, die aus der ersten Verletzung heraus die andere Person verletzt hat, nicht das Leid sehen können, sondern die positive Absicht haben, sich zu schützen oder den anderen zu verletzen, damit er spürt, wie weh es getan hat. Hier kommt man also nur weiter, wenn die **Empowering-Methode** angewendet wird.

Das Neue beschreiben:
Jetzt gehen die beiden Konfliktpersonen innerlich, wie beim **Empowering,** wenn das erste prägende Erlebnis nicht passiert wäre bzw. verändert wurde, mit diesem Wissen und dem neuen Gefühl weiter durch deren Zeitgeschichte bis zur nächsten Verletzung. Es ist egal, ob die nächste Verletzung von A nach B oder umgekehrt passierte.
Wie ist es im Neuen ohne die erste Verletzung? Was ist dann anders?

B sagt: »Wir hätten unsere vertrauensvolle Zusammenarbeit von damals, als es noch gut war, fortgeführt.« Und A fügt hinzu: »Das kann ich mir gut vorstellen, denn wenn B mich nicht verletzt hätte, dann hätte ich ihn auch nicht verletzt, sondern wir hätten uns gut verstanden.«

Mit dieser Frage und den Antworten wird die Voraussetzung »Es war mal gut – wertschätzende Haltung« zeitlich bis zur nächsten Verletzung geholt. Wichtig ist, dass die beiden Konfliktpartner noch nicht die nächste Verletzung beschreiben, sondern sich gemeinsam vorstellen können, wie es gewesen wäre, wenn die erste Verletzung nicht passiert wäre.

Die nächste Systemgesetzverletzung auflösen:
Erst dann sind wieder alle Voraussetzungen (Verursacher bekannt, es war mal gut – wertschätzende Haltung und ausgeglichen kraftvoll genug) erfüllt und der Verletzte beschreibt die damalige Situation, die ihn verletzt hat, und sein Körpergefühl dazu. Der Auslöser wird nun das Leid sehen und die Wut für die Verletzung nehmen können, denn er weiß, dass die Verletzung nicht geschehen wäre, wenn die erste Verletzung nicht stattgefunden hätte.

Schritte wiederholen bis zur Gegenwart:
Die Schritte »Das Neue beschreiben« und »Die Systemgesetzverletzung auflösen« werden solange durchgeführt, bis alle Systemgesetzverletzungen zwischen den beiden aufgelöst sind und sie zeitlich in der Gegenwart angekommen sind.

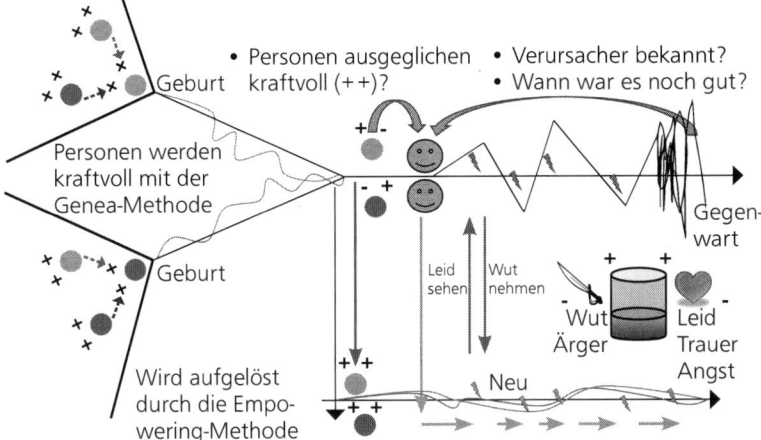

War die Ursache für die erste Verletzung, dass der eine Konflikt-partner nicht ausgeglichen kraftvoll genug war, so wird ein Schritt davor angesetzt, d. h. die **Genea-Methode** wird angewendet, damit der Konfliktpartner ausgeglichen kraftvoll wird.

Wäre der Konfliktauslöser ausgeglichen kraftvoll genug gewesen, so wäre höchstwahrscheinlich die erste Verletzung nicht passiert. Mit der **Genea-Methode** werden die Kräfte aktiviert + + und dann wird die **Empowering-Methode** angewendet, damit der Konflikt-auslöser seine neuen Kräfte und seine neuen Fähigkeiten und Ver-haltensweisen in seiner Lebensgeschichte erlebt.

Oft kommen dann Aussagen wie: »Ich hätte viel früher Grenzen gesetzt. Da ich nicht stark genug war, hatte ich zu lange gewartet und dann habe ich zum Schluss die Keule herausgeholt. Das hat den anderen natürlich verletzt. Dazu wäre es im Neuen mit den Kräften nicht gekommen.« Die Verursacher für die erste Verlet-zung sind dann einerseits der Konfliktauslöser und andererseits seine Vorfahren, die nicht ausgeglichen kraftvoll genug waren.

Die Fragen sind:

1. *Wie ist es (wäre es) mit den Kräften der Ahnen + + anders?* Bitte hineinspüren, neu erleben und dann dem Partner erzählen.
2. Taucht zeitlich die erste Systemgesetzverletzung auf, so sollen beide das Neue erleben. Wahrscheinlich wäre die Verletzung mit den Kräften nicht so gewesen.
3. *Welches verletzte Gefühl ist entstanden?* A spricht seine Verletzung aus: »Ich fühle einen Kloß im Hals, Bauchweh, Herzschmerzen...«
   CoachMediator an B: »War es deine Absicht, dass die Gefühle bei A ... entstehen?«
   B normalerweise: »Nein, es war nicht meine Absicht! Es tut mir leid!«
   CoachMediator an A: »Ist es angekommen?« A sagt: »Ja!«
   Wird dieses Vorgehen ohne realen Konfliktpartner, also nur innerlich durchgeführt, so erkennt die Person trotzdem, ob es die andere Person ehrlich meint. Die Verletzung löst sich dann auch auf.
4. Evtl. vorhandene Wut oder Trauer oder andere Lasten von A für die erste Verletzung herauslassen und B nimmt sie.
5. Jetzt noch einmal das Neue erleben (die Situation noch einmal assoziiert ansehen und die veränderten Gefühle und Worte wahrnehmen, hören, spüren), d. h. die Verletzung hat sich aufgelöst!
6. Zur nächsten Situation gehen und aufarbeiten (Schritte 2–6)
7. Wenn in der Gegenwart angekommen, bitte noch Schritte in die Zukunft gehen lassen.

Empowering der Ebenen der Veränderung

Sind durch die Ahnenarbeit alle Vorfahrenpaare ausgeglichen kraftvoll + + und der Klient ebenfalls, so geht es darum, die Prägungserlebnisse aus der Kindheit bis zum heutigen Tage mit den neuen Kräften und Ressourcen der Eltern neu innerlich zu erleben. Beim

Vorgehen des **Empowering der Ebenen der Veränderung** werden alle Ebenen **neu geprägt und neu erlebt.**

Da die Zugehörigkeit und die Systemgesetzebene die Basis ist, wird auch diese Ebene zuerst bearbeitet. Dazu wird die Lebensgeschichte mit der **Empowering-Methode** in Bezug auf Systemgesetzverletzungen durchgegangen. Die Eltern können sich nun anders verhalten und das Kind hat nun auch als Baby alle Kräfte.

Folgende Fragen werden gestellt:
Wie verhalten sich Ihre Eltern mit den neuen Kräften als starkes Elternpaar Ihnen gegenüber?
Wie werden Sie anders älter und wie wachsen Sie heran?
Welche Veränderungen gibt es in Bezug auf erlebte Systemgesetzverletzungen, die Sie erlebt haben oder die Sie selbst erzeugt haben?
Wenn Sie nun + + sind, was verändert sich in der Schulzeit? Was verändert sich in Bezug auf die erste Partnerschaft? Wären Sie dann ein Paar geworden?
Können Sie nun, falls die Partnerschaft mit Leid und Wut geendet hat, dass Leid beim Partner sehen und die Wut nehmen?
Kann der Partner das auch? Können Sie sich gegenseitig freilassen und sich alles Gute wünschen?

So gehen Sie immer weiter durch das Leben Ihres Klienten/Ihr Leben und lösen vorhandene Systemgesetzverletzungen auf und erleben gleichzeitig das Neue.

Die oben beschriebene **Empowering-Methode** und das Auflösen von Systemgesetzverletzungen führen Sie gemeinsam mit dem Konfliktpartner durch, ohne dass die Konfliktpartner real anwesend sind. Für das **Empowering** reicht es, wenn Sie es sich innerlich vorstellen und überprüfen, ob es sich stimmig anfühlt. So gehen Sie alle Systemgesetzverletzungen mit Ihren Eltern, den Partnern von privaten Beziehungen und berufliche Partner und Chefs durch. Sie lösen dadurch Leid und Wut auf und erhalten dadurch neue Befähigungen und Stärkungen, wonach diese Methode benannt wurde.

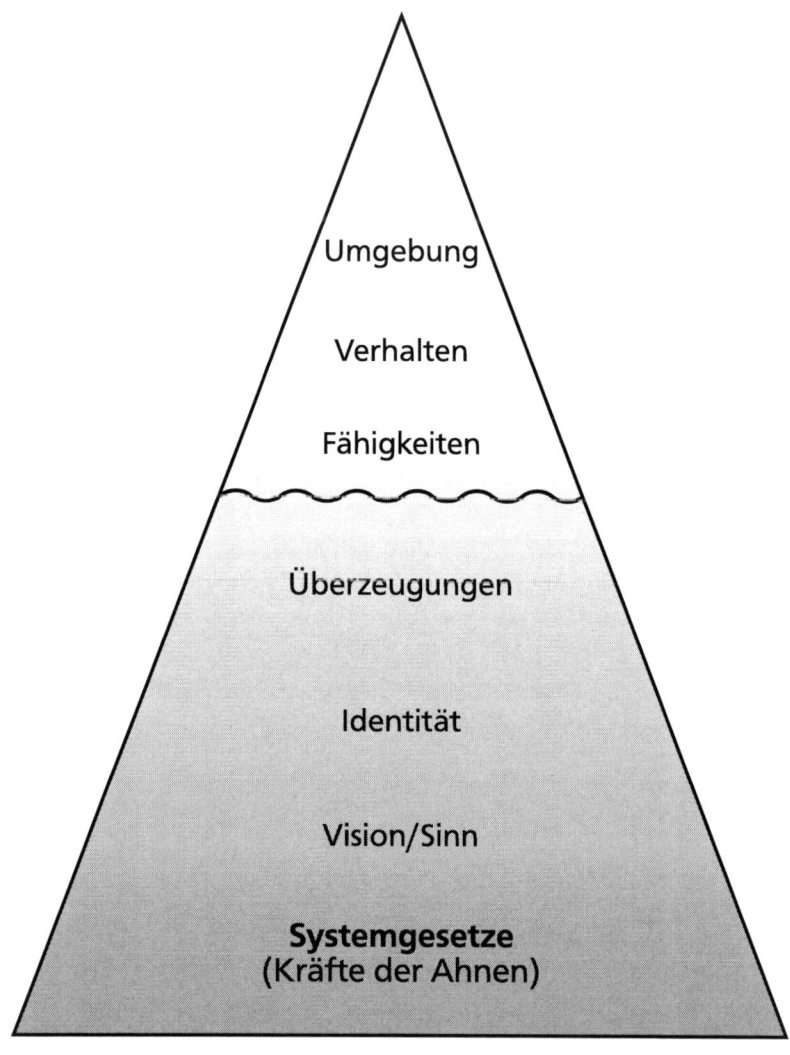

Mit dem oben beschriebenen Vorgehen bringen Sie **in die unterste Ebene** der Veränderung, der Zugehörigkeit/die Systemgesetze, die neue Kraft/Energie/Power. Natürlich sind alle darüber stehenden Ebenen ebenfalls zu beachten.

Jetzt können Sie sich um die anderen Ebenen der Veränderung kümmern, beispielsweise kann dann die **Vision** auftauchen.

Welches neue Verhalten und Fähigkeiten erlernen Sie neu?
Welche Gefühle verändern sich?
Welche Überzeugungen entstehen nun?
Wer sind Sie mit Ihren starken Vorfahrenpaaren hinter sich?
Welcher Lebenssinn taucht nun auf? Welche Vision wird nun sichtbar?
Welche Erlaubnisse bekommen Sie nun?

Diese Fragen werden **pro Lebensabschnitt** gestellt. Als Kleinkind, Kind, Jugendlicher, Erwachsener und jeweils, wenn ein altes prägendes Erlebnis vorliegt, was mit den neuen Ressourcen und Kräften neu erlebt wird. Auch hier ist entscheidend, dass sich das neue Gefühl **stimmig** anfühlt.

Tauchen während dieser Arbeit Leid, Trauer, Wut usw. auf, so geht es wie in der Ahnenarbeit darum, dass die Verursacher das Leid sehen können und die Wut nehmen. Dann gehen Sie zum nächsten Punkt weiter.

Auch alte und getrennte Partnerschaften, bei denen noch Leid, Trauer und Wut vorhanden sind, werden hierdurch bearbeitet. Zuerst innerlich wie oben beschrieben. Danach kann es sinnvoll sein, dieses mit dem Konfliktpartner gemeinsam zu machen (s. Empowering und Systemgesetzverletzungen gemeinsam mit dem Konfliktpartner auflösen).

Oft ist es in dem Prozess so, dass zwei bis drei Coachings von 2–3 Stunden gebraucht werden, um mit Hilfe der **Genea-Methode** genug ausgeglichen kraftvolle Vorfahren zu erhalten. Anschließend wird mit der **Empowering-Methode** im nächsten Coaching das Neue erlebt. Während des **Empowerings**, aber auch zwischen den **Coachings** können neue Signale auftreten, so dass wieder mit der

Genea-Methode gearbeitet wird und danach wieder zur **Empowering-Methode** übergegangen wird. Abhängig davon, was das Ziel ist, ist dieses ein nicht enden wollender Prozess, da es immer noch weitere Themen bei den Vorfahren geben kann, die aufgelöst werden sollen. **Ist das Ziel, hundertprozentig ausgeglichen kraftvoll zu werden, so ist es meiner Erfahrung nach nicht erreichbar. Ich kenne keinen Menschen, der das ist oder von sich behauptet.**

Ist das Ziel, gesund zu werden, frei von Angst zu leben oder ein Symptom aufzulösen, so ist dieses natürlich erreichbar.

Treten Systemgesetzverletzungen auf, so wird auch die Interpretation, wie der Verletzte den Verursacher sieht, mit verändert. Deshalb ist es wichtig, auch diese Interpretationen mit den neuen Kräften und den aufgelösten Systemgesetzverletzungen zu aktualisieren.

Die **Interpretationsleiter** (s. S. 144 in dem Buch: »Coachen und Führen mit System«) ist ein Erklärungsmodell, mit der eine Interpretation Gefühle auslösen und zu einer selbsterfüllenden Prophezeiung führen kann. Kommt es zu einer Systemgesetzverletzung, so verändert sich normalerweise auch die Interpretation. Deshalb ist es so wichtig, wenn durch die Neuprägung bzw. der **Empoweringmethode** die Lebensgeschichte neu erlebt und Verletzungen aufgelöst werden, diese alten Interpretationen mit zu erneuern.

Empowering: Aktualisieren der Interpretationsleiter

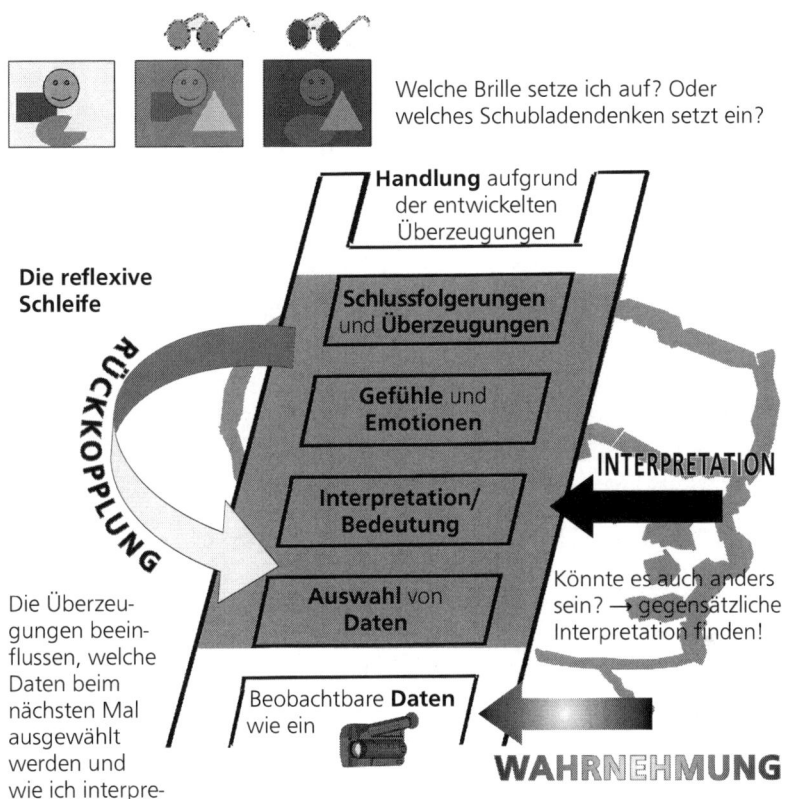

Welche Brille setze ich auf? Oder welches Schubladendenken setzt ein?

Handlung aufgrund der entwickelten Überzeugungen

Die reflexive Schleife

Schlussfolgerungen und **Überzeugungen**

Gefühle und **Emotionen**

RÜCKKOPPLUNG

INTERPRETATION

Interpretation/ Bedeutung

Auswahl von **Daten**

Könnte es auch anders sein? → gegensätzliche Interpretation finden!

Die Überzeugungen beeinflussen, welche Daten beim nächsten Mal ausgewählt werden und wie ich interpretiere!

Beobachtbare **Daten** wie ein

WAHRNEHMUNG

Die reflexive Schleife (Rückkopplung):

Die vorhandenen Überzeugungen und entstehenden Schlussfolgerungen beeinflussen, welche Daten beim nächsten Mal ausgewählt und wie sie interpretiert werden.

Beispiel:
1. Auswahl der Daten: Eine Führungskraft hat gerade einen neuen Mitarbeiter seinen langjährigen Mitarbeitern vorgestellt und seine Vorzüge gelobt. Neben der entstandenen Systemgesetzverletzung 4: »Früher hat

Vorrang vor später« wird sich eine Interpretation neu ausbilden bzw. eine schon vorhandene verändern oder bestätigen.

2. Interpretation: Dem Chef sind nur junge und neue Mitarbeiter wichtig.

3. Gefühle und Emotionen: Ärger, Angst

4. Schlussfolgerungen und Überzeugungen: Er hat mal wieder bewiesen, dass es ihm an Führungsqualität mangelt. → Alle Chefs sind so!

5. Handlung aufgrund der entwickelten Überzeugungen: Ich gehe nicht zum Einstandsessen. Ich gehe dem Chef aus dem Weg.

6. ist wieder 1. – Es werden neue Daten ausgewählt (Rückkopplungsschleife, da die Überzeugungen auch die Datenauswahl beeinflussen). Im Beispiel sieht man dann nur noch Dinge, die der Chef schlecht macht. Er begrüßt den Neuen zuerst, ...

Diese Interpretationen und Schlussfolgerungen reichen schon aus, um nur dadurch weitere Systemgesetzverletzungen zu erleiden, weil die Interpretation ebenfalls Gefühle wie Leid und Wut erzeugen kann. Und weil die Handlung des Verletzten oft zu einer Gegenverletzung beim anderen führt.

Am besten ist unten beschriebenes Vorgehen, wenn beide real dieses Gespräch führen. Ist jedoch der eine Konfliktpartner nicht anwesend, so kann es auch allein innerlich durchgeführt werden. Ob es dann ausreichend ist und was beim Konfliktpartner ankommt, wird sich zeigen. Deshalb sollte man probieren, beide real zusammen zu bringen.

Es geht nun darum, zuerst die erste Systemgesetzverletzung zwischen z. B. dem Chef und dem langjährigen Mitarbeiter aufzulösen. Voraussetzung dafür ist, dass beide ausgeglichen kraftvoll genug

+ + sind und es davor alles gut war. Der Mitarbeiter beschreibt dem Chef neutral die Situation von damals und zeigt sein verletztes Gefühl dazu. Der Chef erkennt die Verletzung/das Leid an und kann sagen:»Es war nicht meine Absicht, es tut mir leid, dass Sie sich schlecht gefühlt haben und ich kann Ihre dadurch entstandene Wut nehmen«, so löst sich die erste Verletzung auf.

An dieser Stelle ist folgende Frage nötig: *Wenn die erste Verletzung aufgelöst ist, gefühlsmäßig dann nicht eingetreten ist und der Chef nicht die Absicht hatte, Sie zu verletzen, wie würde Ihre Interpretation und Schlussfolgerung sich ändern? Oder wie kann sie sich nun verändern?*

Oft kommt dann die Aussage:»Dann wäre ja alles beim guten Alten geblieben und wir hätten unsere Vertrauensbasis behalten. Ich kann zurück zu meiner alten Interpretation, dass mein Chef mich schätzt und er ein guter Chef ist.«

Dann geht man weiter zur nächsten Verletzung, die entweder beim Chef oder bei dem Mitarbeiter damals nach der ersten Verletzung entstanden ist. Bei jeder aufgelösten Systemgesetzverletzung wird auch darauf geachtet, dass die Interpretationsleiter mit aktualisiert wird.

Hat nun in allen Bereichen der Ebenen der Veränderung eine Stärkung stattgefunden und sind die Kräfte + + vorhanden, können **Wünsche** in Erfüllung gehen (da es beispielsweise keine einschränkende Dynamiken wie»Ich darf nicht …« mehr gibt).

Hierfür ist es jedoch notwendig, dass die **Wünsche richtig formuliert** werden, denn wenn Sie falsch wünschen, gehen die falschen Wünsche in Erfüllung.
    Denn: Passen Sie auf, was Sie sich wünschen, es könnte in Erfüllung gehen!

Die Quelle dieser Weisheit ist nicht bekannt und wird einem chinesischen Sprichwort zugeschrieben. Es lautet vollständig:

»Achte auf Deine Gedanken, denn sie werden Deine Worte.
Achte auf Deine Worte, denn sie werden Deine Gefühle.
Achte auf Deine Gefühle, denn sie werden Dein Verhalten.
Achte auf Deine Verhaltensweisen, denn sie werden Deine Gewohnheiten.
Achte auf Deine Gewohnheiten, denn sie werden Dein Charakter.
Achte auf Deinen Charakter, denn er wird Dein Schicksal.
Achte auf Dein Schicksal,
indem Du jetzt auf Deine Gedanken achtest.«

Oder die Aussagen von etlichen weisen Menschen, wie Buddha, lauten:

Was wir gedacht/gewünscht haben, das sind wir!
Was wir denken/wünschen, das werden wir!

In Anlehnung an die klassische Zielarbeit aus meinem Buch »Coachen und Führen mit System« auf Seite 151 ff. und aus Pierre Franckhs Buch »Wünsch es dir einfach – aber mit Leichtigkeit« auf Seite 25 ff. erörtern wir nun das richtige Wünschen.

Empowering: Erfolgreiches Wünschen und Denken

Die Wünsche sollen so gedacht und formuliert werden, dass sie folgende Wohlgeformtheitskriterien erfüllen:

- **Konkret:** *Was genau wünschen/wollen Sie?* – möglichst klar, knapp und präzise
- **Ökologie:** *Welche negativen Konsequenzen könnte der Wunsch haben? Und wie kann dieser negativen Konsequenz optimal vorgebeugt werden?* Z. B. den Wunsch ändern oder sich wünschen,

dass man etwas Neues lernt, so dass diese Konsequenz nicht eintritt.

- **Kontextualisiert:** *Wann werden Sie sich wo, wem gegenüber, wie verhalten, wenn Sie Ihr Ziel erreichen/Ihr Wunsch erfüllt ist?*
- **Messbar:** *Woran erkennen Sie mit allen Sinnen, dass Sie Ihr Ziel erreicht haben? Wann genau ist das Ziel erreicht?* – So tun als ob
- **Keine Negation,** sondern positiv beschreiben (Kein »nicht« oder »kein« – dahinter steckt Angst oder Vermeidung, die sonst als Wunsch ausgeführt wird.)
- **Keine Vergleiche und Steigerungen** wie z. B. besser als oder genauso gut wie
- **Nicht »Ich will ...« oder »Ich möchte ...«,** da dadurch der Wunsch lautet – »etwas wollen« und »nicht-haben« – und den Mangel noch verstärkt. Sondern »Ich bin ...« oder »Ich bin bereit für ...«
- **Formulieren:** Den Wunsch aufschreiben/ausmalen/aussprechen – aber erst nur für sich allein
- **Danken:** Durch Danken vermehren sich die Wünsche. Genauso wie das Amen am Ende eines Gebets – So sei es!
- **Vertrauen:** Nicht Zweifeln – Vertrauen bzw. glauben daran, dass der Wunsch in Erfüllung geht, ist sehr wichtig (vgl. dazu die holistische Zielarbeit aus meinem Buch »Coachen und Führen mit System«)!
- **Überzeugungen:** Mögliche einschränkende Glaubenssätze aufdecken und auflösen
- **Zufälle:** Offen sein für »Zufälle« – d. h. Intuition, Unbewusstes nutzen – oft wird der Wunsch auf eine Weise erfüllt, wie wir es nicht erwartet haben.
- **Zweifel:** ist so etwas wie eine Stornierung des Wunsches! Zweifel, Ängste oder einschränkende Glaubenssätze sind auch klare Wünsche, die erfüllt werden! Gleichzeitig können Zweifel noch auf ungelöste Dynamiken oder fehlende Erlaubnis der Vorfahren oder auf Ökologiethemen wie negative Auswirkungen hindeuten. Deshalb sind auftretende Zweifel als Signal sehr wichtig und müssen unbedingt beachtet bzw. bearbeitet werden.

Übung: Was wünschen Sie?

Schreiben Sie in die linke Spalte alle Ihre Wünsche.

Wunsch	Stornierungswunsch?
Wunsch 1	Zu schwierig ?
Wunsch 2	Zweifel ?
Wunsch 3	Welche möglichen »Wünsche« fallen Ihnen noch ein? Bitte vervollständigen!

Prüfen Sie nun für jeden Wunsch, ob er sich **stimmig** anfühlt. Wenn es kein klares stimmiges Gefühl gibt, so schreiben Sie in die rechte Spalte die Zweifel, einschränkende Glaubenssätze, negative Auswirkungen oder einschränkende Loyalitäten.

Tritt nun doch ein Stornierungswunsch oder ein unstimmiges Gefühl beim Wünschen auf, so können Sie dieses wieder als Signal nutzen. Entweder gibt es noch negative Auswirkungen zu bearbeiten oder es muss eine Dynamik aus dem Vorfahrensystem aufgelöst werden.

Nachhaltigkeit – Gefühlsarbeit mit dem Basisgefühl und dem Denkgefühl

Stimmiges und unstimmiges Gefühl

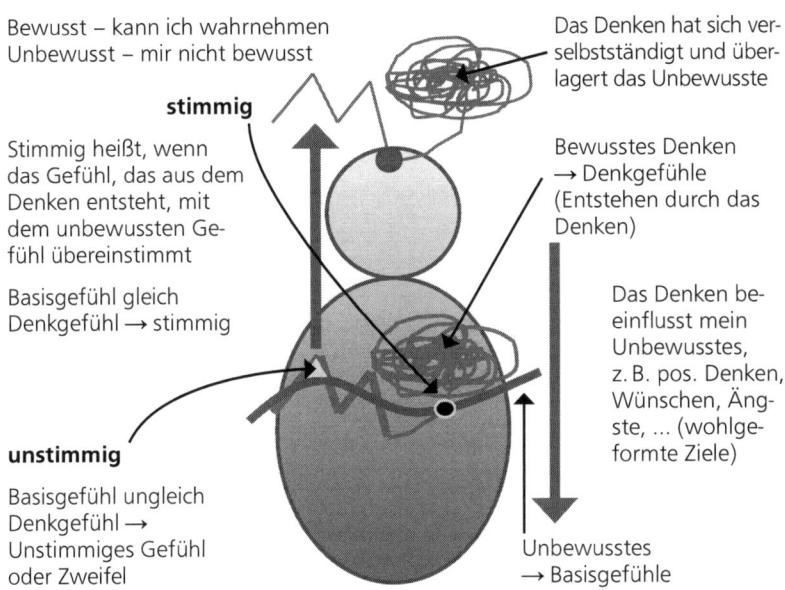

Bewusst – kann ich wahrnehmen
Unbewusst – mir nicht bewusst

stimmig

Stimmig heißt, wenn
das Gefühl, das aus dem
Denken entsteht, mit
dem unbewussten Ge-
fühl übereinstimmt

Basisgefühl gleich
Denkgefühl → stimmig

unstimmig

Basisgefühl ungleich
Denkgefühl →
Unstimmiges Gefühl
oder Zweifel

Das Denken hat sich ver-
selbstständigt und über-
lagert das Unbewusste

Bewusstes Denken
→ Denkgefühle
(Entstehen durch das
Denken)

Das Denken be-
einflusst mein
Unbewusstes,
z. B. pos. Denken,
Wünschen, Äng-
ste, ... (wohlge-
formte Ziele)

Unbewusstes
→ Basisgefühle

Um nachhaltig Veränderungen und Ziele zu erreichen, ist es entscheidend, die Ursachen zu finden und diese aufzulösen. Sind die
Ursachen bei den Vorfahren und deren Systemgesetzverletzungen
und bei selbsterlebten Systemgesetzverletzungen zu finden, so spei-
chern sich diese als **Basisgefühle** ab. Das Denken und die daraus
entstehenden **Denkgefühle** können diese Verletzungen durch ein
Umdenken oder Vergeben, Verzeihen und Versöhnen nicht auflösen. Die Ursache ist nämlich nicht das Denken, sondern die erlebten ungelösten Systemgesetzverletzungen.

Deshalb wird in der **Genea- und Empowering-Methode** mit den
Basisgefühlen gearbeitet. Auch wird das Denken genutzt, indem beispielsweise die Großeltern als Paar angeschaut werden oder ein Er-

lebnis mit einem neuen Verhalten angesehen wird. Dieses erzeugt neue Denkgefühle. Jedoch reicht das nicht aus. Deshalb wird immer der Abgleich zwischen dem Basisgefühl und dem Denkgefühl vorgenommen. Nur wenn es sich stimmig anfühlt, kann eine nachhaltige Veränderung stattfinden. Ist es nicht stimmig, kann es sich trotzdem kurzzeitig besser anfühlen als vorher. Es ist jedoch nicht nachhaltig, da nicht die Ursachen bearbeitet wurden. Es ist dann so wie bei der Entscheidung, etwas zu kaufen und es hinterher zu bereuen.

Genea- und Empowering-Methode im Vergleich zur Transformationstherapie TT von Robert Betz

Auf der Website von Robert Betz (http://robert-betz.com/ausbildungen/transformations-therapie/) beschreibt er seine Methode der Transformationstherapie, abgekürzt TT, folgendermaßen:

»Eine zentrale Rolle nimmt in der TT das Reisen nach innen ein, auch ›Rückführungen‹ genannt. Bei diesen Reisen führt und begleitet der Therapeut den Klienten zu Ereignissen der Vergangenheit, die für das Fühlen und Denken des Klienten von großer Bedeutung waren und noch sind.

Von zentraler Bedeutung ist, dass er bei diesem nochmaligen Erleben bereit ist, alle ursprünglich abgelehnten und daher verdrängten Gefühle wie Angst, Wut, Trauer, Ohnmacht, Eifersucht usw. diesmal bejahend zu fühlen und als seine eigene Schöpfung zu begreifen und anzunehmen.

Dieser verwandelnde Akt, diese Transformation von Energiezuständen, ist das Kernelement in der Transformations-Therapie und gibt ihr ihren Namen.

Gefühle sind das Ergebnis von Gedanken und führen gleichzeitig wieder zu neuen Gedanken und Entscheidungen. In emotional belasteten Situationen der Kindheit werden häufig Entscheidungen getroffen, die eine tiefgreifende Wirkung auf den Lebensverlauf des Menschen haben.

Ein wesentliches Element in der TT besteht darin, den Klienten zu motivieren und anzuleiten, all seine Beziehungen zu lebenden oder schon verstorbenen Menschen zu klären, mit denen er im Unfrieden, das heißt energetisch verstrickt ist.

Im Laufe der Ausbildung erfährt der Teilnehmer, dass unsere Ahnen nicht ›tot‹ sind, sondern ein hohes Interesse daran haben, von den heute Lebenden gesehen, gewürdigt und nicht weiter ausgeschlossen zu werden.

Ebenso nehmen auch die ungeklärten, meist in hohem Maße verstrickten Beziehungen zu den Ahnen in der Arbeit der TT und während der Ausbildung einen angemessenen Raum ein. Wir sind nicht nur biologisch, sondern auch psychisch/seelisch in hohem Maße mit unseren Ahnen verbunden und verstrickt. Dies betrifft nicht nur die Großeltern-Generation. Alle Erfahrungen aller Männer und Frauen, die vor uns gelebt haben und aus deren Stamm wir abstammen, sind tief in unseren Zellen gespeichert. Im Unterschied zu Familienaufstellungen werden Ahnen wie Nachkommen in dieser Arbeit gleichermaßen befreit und können – jeder auf seiner Ebene – den eigenen Entwicklungsweg in Frieden weitergehen.

Das besondere Anliegen der TT ist es, dass wir alle wieder zum selbstbewussten, verantwortlichen und verantwortungsvollen Schöpfer unserer eigenen Wirklichkeit werden und aufhören, Opfer zu spielen, indem wir andere – allen voran unsere Eltern – für unser Schicksal verantwortlich machen«, soweit das Zitat von Robert Betz.

Hier nun die vier wesentlichen Unterschiede zur **Genea- und Empowering-Methode**:

Gefühle wie Angst, Wut usw. sind keine Schöpfung meines Denkens, sondern folgen aus Systemgesetzverletzungen. Ich kann durch das Denken beispielsweise durch Verzeihen, Vergeben oder Entschulden diese Basisgefühle unterdrücken und sie nicht mehr fühlen. Die eingefrorene Energie von Wut, Angst usw. bleibt jedoch. Wird dieser Deckel des Denkens aufgehoben, so kommen diese Gefühle sofort wieder hoch.

Es ist nicht sinnvoll, die verdrängten Gefühle wie Angst, Wut usw. bejahend zu fühlen, denn dann tut es nochmal weh. Sind die Eltern Verursacher dieser Gefühle, so geht es darum, dass sie ein starkes Paar werden und dann das Leid sehen und die Wut nehmen. Unser Ansatz ist, nicht nochmal in die erlebten Gefühle wie Angst, Wut usw. zu gehen, sondern soweit auf der Zeitlinie bis zu einem Punkt zurückzugehen, an dem es noch gut war (ausgeglichen kraftvolle Paare + + + +) und von dort alle Systemgesetzverletzungen aufzulösen, durch alle Generationen hindurch.

In der **Empowering-Methode** arbeiten wir auch damit, die Person nicht nochmal assoziiert in die damals erlebten Gefühle zu schicken, sondern dissoziiert das Geschehen anzuschauen, so dass ein neues Erleben entstehen kann.

Davon zu sprechen, dass Opferrollen gespielt werden und die Eltern nicht mehr verantwortlich gemacht werden sollen, ist für mich eine Verschiebung der Verantwortung. Natürlich sind die Eltern und deren Vorfahren für mich verantwortlich und auch für die erlebten Systemgesetzverletzungen. Jedoch muss weit genug bei den Vorfahren zurückgegangen werden, damit die Paare gefunden werden, bei denen es noch gut war. Dieses wird jedoch oft nicht konsequent genug gemacht. Das bedeutet, dass dann nicht alle Systemgesetzverletzungen mit dem dazugehörigen Leid, Angst, Wut usw. aufgelöst werden können. Dann bleibt nur der Weg, diese Gefühle zu »transformieren«, was aber zu einer Signalverschiebung und negativen Auswirkungen führen kann (s. Ökologie).

Ein Klient von mir wendete die Methode von Robert Betz an und wandelte sein Gefühl von Wut in Frieden um. Danach ging es ihm eine gewisse Zeit besser, jedoch hielt dieses Gefühl nicht lange an und er bekam die alten Gefühle wieder. Es war ein Auf und Ab. Für mich ist dies eine Bestätigung dafür, dass Wut sich nur dann für immer auflöst, wenn sie vom ausgeglichen kraftvollen Verursacher zurückgenommen wird und er vorher das Leid sehen und anerkennen kann.

In anderen Ansätzen geht es nicht um die Transformation des Denkens (wird auch als Ego bezeichnet) wie in der Transformationstherapie oder oft auch im NLP (Neurolinguistisches Programmieren), sondern um das Auflösen des Egos. Dieses ist jedoch nicht sinnvoll und kann viele negative Auswirkungen haben.

Das Bewusste als Ego und die Schwert- und Herzseite als Yang und Yin

Es geht nicht um die Auflösung des Egos bzw. die Transformation des Denkens oder deren negative Betrachtungsweise, sondern um die Erarbeitung einer ausgeglichen kraftvollen Persönlichkeit. Martin Schmid schreibt in seinem Buch »Taiji« (2003):

»... Das Ego wird dabei pauschal verteufelt, was sich verhängnisvoll auswirkt [und Angst macht – der Autor]. Denn am Anfang jeder erfolgreichen spirituellen Reise steht die Bildung, Festigung und Verankerung eines gesunden Egos, das die Grundlage bildet, um in den bei einer solchen Reise unvermeidlichen Turbulenzen nicht den Boden unter den Füßen zu verlieren. ...

... Stellt das Ego ein Problem dar, dann vielmehr, weil es nicht voll entwickelt ist. Solange das Selbstwertgefühl nicht entwickelt ist, wird es immer um Selbstbestätigung kämpfen. ...

... Das Selbstwertgefühl erwächst aber aus einem gesunden, integrierten Ego. ...«

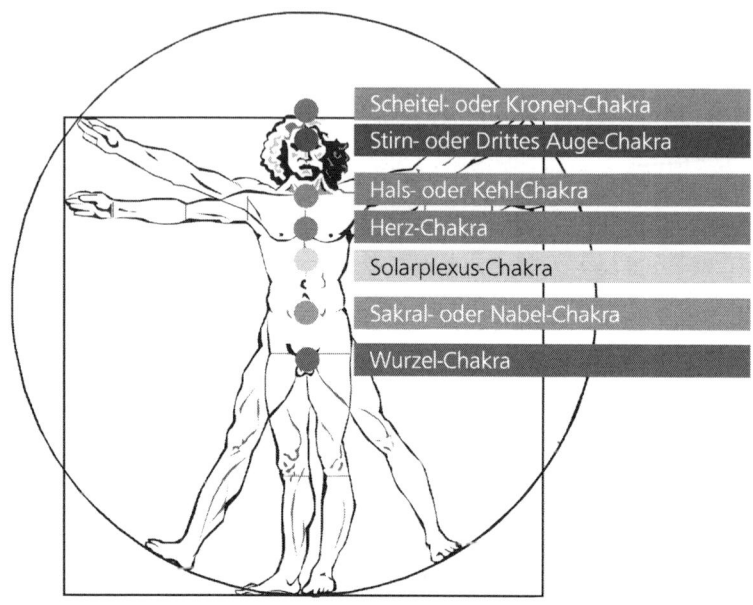

Dann beschreibt Schmid, dass das Ego körperlich seinen Platz im Solarplexus hat (Chakra = Energiezentrum des Menschen), also unterhalb des Herz-Chakras.

»Ein geringes Selbstwertgefühl führt zu einer gebückten und schlaffen Haltung – also eine Yin-Blockade.

Ein selbstgefälliger, egozentrischer Mensch hat seine Brust aufgeblasen und nach vorne gestreckt. Trotzdem hat dieser Mensch ein kleines Selbstwertgefühl, er kompensiert es nur anders – also eine Yang-Blockade.

Die Energie steigt von unten durch die verschiedenen Chakren nach oben. Wenn jetzt das dritte Chakra (Solarplexus) blockiert ist durch zu viel Yin (mangelndes Selbstvertrauen) oder zu viel Yang (Selbstgefälligkeit), so bekommt das Herz-Chakra und somit die Liebe keine Energie. Das Hals-Chakra (die Fähigkeit, die Wahrheit zu formulieren), das dritte Auge mit der Fähigkeit der Weitsicht und höhere Zustände klar zu fassen und das Scheitel-Chakra mit der Ausrichtung auf göttliche Energie werden mit Energie unterversorgt.«

Dieses Bild verdeutlicht eindrücklich, wie wichtig ein gesundes Ego für die Energieflüsse und die Bewusstseinsentwicklung ist. Und dass ein Ego bzw. das Bewusstsein und Denken sehr wohl gebraucht wird.

Ausblick

Sind die Systemgesetzverletzungen, die die Vorfahren in ihrem Leben wie Krieg oder Verlust eines Kindes erfahren haben, aufgelöst, so ergibt sich eine starke Ahnenreihe. Das Wissen und Einhalten der Systemgesetze und die Kräfte der Ahnen sind Voraussetzung dafür, dass Gesundheit und Glück dauerhaft ins Leben treten können. In diesem Buch wurde das Thema Gesundheit und Glück nur kurz angerissen. Sie finden dazu die Tabelle »Liste von Krankheiten/Symptome als Hinweis auf Dynamiken«, in der Krankheiten beschrieben werden, die ihre Ursache in der Ahnenreihe hatten und dort aufgelöst werden konnten.

Ein nächstes Buch wird auf das Thema Gesundheit, Gesundheitsmanagement und Glück ausführlich eingehen.

Mit den starken Ahnen und dem Wissen über die Systemgesetze würden viele Ehescheidungen nicht stattfinden. Deshalb ist es sinnvoll, dass Menschen, die eine Ehe eingehen wollen, sich zuvor mit ihren Ahnen und den Systemgesetzen befassen. Sind dann beide Partner in ihrer Persönlichkeitsentwicklung ausgeglichen kraftvolle Personen, haben sie die Basis für eine gelingende Ehe.

Ebenfalls sind die Systemgesetze und starke ausgeglichene Führungskräfte das Fundament, dass Projekt- oder Prozessmanagement oder eine Strategieentwicklung nachhaltig gelingen können.

Normal ist eher, dass viel Energie durch Konflikte verloren geht und Menschen krank oder demotiviert werden. Auch hierzu habe ich viele Erfahrungen in meiner Arbeit als CoachMediator mit Unternehmen gesammelt, die ich in einem Buch zusammenfassen werde.

Unternehmensnachfolge in Familienunternehmen ist für mich der komplexeste Bereich, denn dort überlagern sich das Unternehmens- und das Familiensystem. Dort wird die **Genea-** und die **Empowering-Methode** nicht nur in der Einzelarbeit, sondern mit der gesamten Familie angewendet. Vater, Mutter und Kinder werden zuerst gestärkt, in dem die Ahnenreihe geklärt wird und die Verletzungen in der gemeinsamen Lebensgeschichte aufgelöst werden. Ist zwischen dem Elternpaar, den Eltern und den Kindern und zwischen den Kindern wieder Wertschätzung, so kann eine Nachfolge gelingen. Auch hierzu wird es ein Buch geben.

Sie sehen, die Aussage, die Systemgesetze und die Kräfte der Ahnen sind das Fundament, zeigt sich in so unterschiedlichen Bereichen wie der Persönlichkeitsentwicklung, dem Gesundheitsmanagement, der erfolgreichen Projektarbeit und Unternehmensführung sowie der Unternehmensnachfolge.

Viel Erfolg und Freude wünscht Ihnen
Dr. Dieter Bischop

LITERATURVERZEICHNIS

Bateson, Gregory, 1994: Ökologie des Geistes, Frankfurt am Main, Suhrkamp.

Berne, E.,1967: Spiele der Erwachsenen. Psychologie der menschlichen Beziehungen. Reinbek, Rowohlt.

Bischop, Dieter, 2010: Coachen und Führen mit System. Als Coach, Mediator und Führungskraft systematisch Wirkung erzielen, Kiel, Ludwig.

Dilts, Robert B./Hallbom, Tim/Smith, Suzi, 1991: Identität, Glaubenssysteme und Gesundheit, Paderborn, Junfermann.

Dilts, Robert B., 1993: Die Veränderung von Glaubenssystemen – NLP Glaubensarbeit, Paderborn, Junfermann.

Ders., 2005: Professionelles Coaching mit NLP, Paderborn, Junfermann.

Franckh, Pierre, 2008: Wünsch es dir einfach – aber mit Leichtigkeit, Burgrain, Koha.

Freud, Sigmund, 1896: Zur Ätiologie der Hysterie.

Grinder, John/Bandler, Richard, 1994: Therapie in Trance. Hypnose: Kommunikation mit dem Unbewußten, Stuttgart, Klett-Cotta.

Harris, T. A.,1975: Ich bin o. k. Du bist o. k. Wie wir uns selbst besser verstehen und unsere Einstellung zu anderen verändern können. Eine Einführung in die Transaktionsanalyse. Rowohlt Taschenbuch Verlag, Reinbek (Neuaufl. 2002).

Hellinger, Bert, 2001: Ordnungen der Liebe, München, Knaur.

Hercksen, Bernd, 2010: Vom Urpatriarchat zum globalen Crash?, Aachen, Shaker Media.

Krämer-Badoni, Rudolf, 1992: Judenmord, Frauenmord, Heilige Kirche, Frankfurt am Main, S. Fischer.

Krämer-Badoni, Rudolf, 1993: Leben, lieben, sterben ohne Gott, Frankfurt am Main, S. Fischer.

Miller, Alice, 1983: Du sollst nicht merken, Frankfurt am Main, Suhrkamp.

Schmid, Martin, 2003: Taiji, Ahlerstedt, Param.

Senge, Peter/Kleiner, Art/Smith, Bryan/Roberts, Charlotte/Ross, Richard, 1997: Das Fieldbook zur Fünften Disziplin, Stuttgart, Klett-Cotta.

Senge, Peter, 1998: Die fünfte Disziplin. Kunst und Praxis der lernenden Organisation, Stuttgart, Klett-Cotta.

Sparrer, Insa, 2001: Wunder, Lösung und System. Lösungsfokussierte Systemische Strukturaufstellungen für Therapie und Organisationsberatung, Heidelberg, Carl-Auer-Systeme.

Stahl, Thies, 1996: Neurolinguistisches Programmieren (NLP). Was es kann, wie es wirkt und wem es hilft, Mannheim, Pal.

Rutschky, Katharina: Schwarze Pädagogik. Quellen zur Naturgeschichte der bürgerlichen Erziehung. Ullstein, Berlin 1977; Neuausgabe ebd. 1997.

Ullrich, Volker, 2013: Adolf Hitler. Biographie, Bd. 1: Die Jahre des Aufstiegs 1889 – 1939, Frankfurt am Main, S. Fischer.

REGISTER

ÜBER DEN AUTOR

Dr. Dieter Bischop Jahrgang 1966, Gründer und Leiter des Hanseatischen Instituts für Coaching, Mediation & Führung. Er ist promovierter Quantenphysiker, CoachMediator, systemischer Unternehmensberater und Ausbilder für Coaching und Mediation (Coach-Mediator). Zu seinen Arbeitsschwerpunkten zählen Organisations- und Teamentwicklung, Führung, Konfliktlösung und Work-Life-Balance sowie die Unterstützung bei der Nachfolgeregelung in Familienunternehmen. Er entwickelt seit 1998 neue wirkungsvolle Mediations- und Coachingtools.

Kontakt zu Dr. Dieter Bischop
www.hanseatisches-institut.de

P R A X I S & E R F O L G

Nils Borstnar / Gesa Köhrmann
Selbstmanagement mit System
Das Leben proaktiv gestalten
Praxis & Erfolg, Band 1

256 Seiten, 58 Grafiken und 61 S/W-Illustr., Broschur,
ISBN 978-3-933598-78-3, € 18,90

Karen Bestmann / Babette Leyer
Servicequalität mit System
Eine Servicephilosophie praktisch entwickeln
Praxis & Erfolg, Band 2

192 Seiten, 49 Grafiken und 13 S/W-Illustr., Broschur,
ISBN 978-3-933598-79-0, € 15,90

Martin H.W. Möllers
Business-Knigge
Internationales Lexikon des guten Benehmens
Praxis & Erfolg, Band 3

264 Seiten, Broschur, ISBN 978-3-937719-06-1, € 19,90

Martin H.W. Möllers
Vermögensaufbau und Altersvorsorge
Lexikon zur finanziellen Freiheit
Praxis & Erfolg, Band 5

256 Seiten, Broschur, ISBN 978-3-937719-32-0, € 19,90

PRAXIS & ERFOLG

Anja Müller / Dorothee Schönheid
Neue Chancen durch Teilzeitarbeit
Ein Ratgeber mit Erfahrungsberichten
Praxis & Erfolg, Band 6

202 Seiten, Broschur,
ISBN 978-3-937719-48-1, € 19,90

Dieter Bischop
Coachen und Führen mit System
Als Führungskraft, Coach und Mediator systematisch Wirkung erzielen
Praxis & Erfolg, Band 7

288 Seiten, 140 S/W-Abb., Broschur,
ISBN 978-3-86935-009-7, € 22,80

Nils Borstnar / Karen Bestmann
Präsentation und Selbstmarketing
Sicher und wirkungsvoll auftreten
Praxis & Erfolg, Band 8

160 Seiten, 44 S/W-Abb., Broschur,
ISBN 978-3-86935-041-7, € 14,90